Gerd-Helge Vogel

Christian Leberecht Vogel

und die Welt Arkadiens

Idylle als Programm oder die Sehnsucht nach dem „saturnischen Reiche"

Gedenkschrift zum

200. Todestag des Künstlers

DONATUS

Dieses Essay ist dem Andenken meines verehrten Lehrers **Prof. Dr. Peter H. Feist** (*29. Juli 1929) gewidmet, dem ich während meines Kunstgeschichtsstudiums an der Humboldt-Universität die Liebe zum Beruf und die Freude zahlreicher Kenntnisse und Erkenntnisse verdanke. Während meiner Arbeit an diesem Manuskript ist er drei Tage vor Vollendung seines 86. Geburtstages am 26. Juli 2015 gestorben. Überdies widme ich den Aufsatz dem Andenken meiner verehrten langjährigen Chefin am Kunsthistorischen Institut der Ernst-Moritz-Arndt-Universität Greifswald, Frau **Prof. Dr. Hannelore Gärtner** (*21. November 1929), die ebenfalls während meiner Arbeit am Manuskript am 2. September 2015 verstarb.

Bibliografische Information der Deutschen Nationalbibliothek:
Die Deutsche Nationalbibliothek verzeichnet diese Publikation in der Deutschen Nationalbibliografie; detaillierte bibliografische Daten sind im Internet über www.dnb.de abrufbar.

Impressum

Umschlag: Spitzenton.Design
Coverbild: Christian Leberecht Vogel: Selbstbildnis, um 1812, Wasserfarben über Graphit, Privatbesitz München.
Verlag: Donatus Verlag, Niederjahna
Herstellung: Books on demand, BOD Norderstedt
ISBN: **978-3-946710-05-9**
www.donatus-verlag.de

Inhaltsverzeichnis

Vorwort

Der Begriff „saturnischen Reiche“ im Titel des Buches bezieht sich auf Vergils (70–19 v. Chr.) IV. Ekloge seiner *Bucolica* (Hirtengedichte; 42–39 v. Chr.), die in Zeiten des zweiten römischen Bürgerkrieges (49–45 v. Chr.) entstand. Sie gibt der Sehnsucht der Römer nach Frieden durch die Beschwörung des uralten Mythos vom Goldenen Zeitalter im Reich des Saturns in reizvollen Darstellungen des Hirtenlebens in Arkadien ihren Ausdruck. In späteren Epochen nutze man die auf den hellenistischen Dichter Theokritos (*305 v. Chr.) zurückgehenden Hirtendichtungen mit ihren oft romantisch gezeichneten Bildern bukolischen Glücks, um sie als Gegenbilder zur trostlos erscheinenden Realität der Gegenwart zu nutzen. Dabei wurde der von Theokritos und Vergil in Arkadien angesiedelte *locus amoenus*, der Lustort harmonischen Gleichklangs zwischen Mensch und Natur, zum Topos, der als utopische Projektion eines paradiesischen Wunschbilds in allegorischer Form diente. In ihm übernahm Saturn, der altrömische Gott der Saaten, der mit dem griechischen Gott Kronos gleichgesetzt wurde, die Funktion einer assoziativen Projektionsfläche für eine ideale Herrschaftsform, in der alle gleich und zufrieden miteinander lustvoll in einer lieblichen Natur lebten. Entsprechend übernahmen die Künstler im Zeitalter der Aufklärung und Empfindsamkeit dieses mythologische Sujet vom Idealland des Glücks als Mittel intellektueller Zivilisationskritik, mit dem die aktuellen Enttäuschungen des Alltags durch Flucht zu einem idyllischen Fluchtort kompensiert werden konnten.

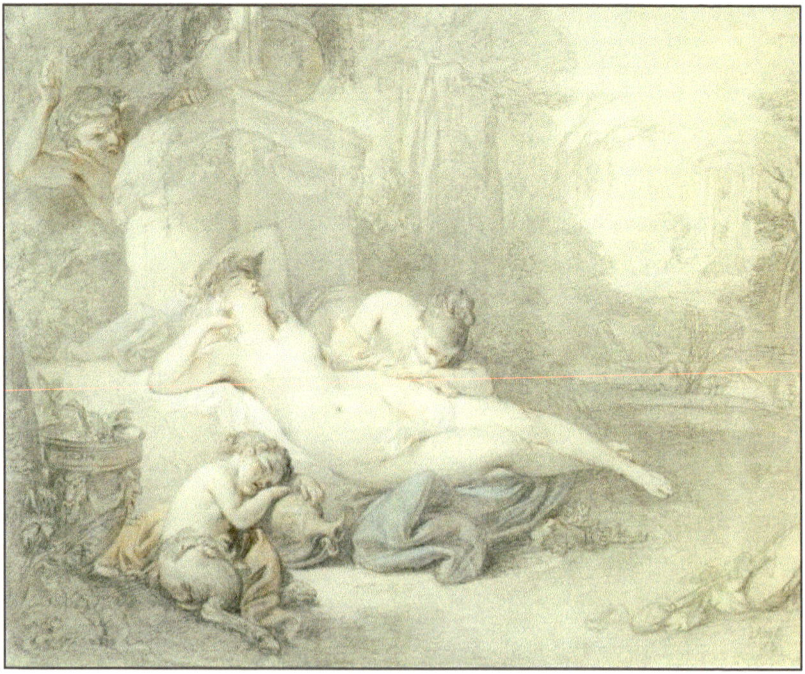

Abb. 01: Christian Leberecht Vogel:
Schlafende Nymphe von einem Faun überrascht,
schwarze und farbige Kreide, um 1776.

Christian Leberecht Vogel – ein Meister des empfindsamen Klassizismus

Am 11. April 1816 verstarb in Dresden Christian Leberecht Vogel im Alter von 57 Jahren und sieben Tagen. Er blieb uns bis heute als jener bedeutende Meister des empfindsamen Klassizismus in Sachsen in Erinnerung, der, wie kein zweiter Künstler, für die Zeit eines knappen Vierteljahrhunderts (von 1780 bis 1804) der Kunst nicht allein am gräflichen Hofe zu Wildenfels ihr Antlitz verlieh, sondern darüber hinaus im gesamten westsächsisch-ostthüringischen Raum das kulturelle Klima und den ästhetischen Geschmack an den hier residierenden kleinen Standesherrschaften maßgeblich mitbestimmte.[1] Später, von 1804 bis zu seinem Tod 1816, wusste er als Professor an der Dresdner Kunstakademie selbst in der sächsischen Kunstmetropole – der damaligen Hochburg der Frühromantik in Deutschland – noch seinen ästhetischen Einfluss geltend zu machen und Schüler wie Carl August Senff (1770–1832)[2], Friedrich Traugott Georgi (1783–1838)[3], Louise Seidler (1786–1866)[4] und viele andere nachhaltig zu beeinflussen. Entsprechend vermeldete das Kunstblatt im Nekrolog des Künstlers:

---

1 Das betrifft neben den Herrschaften von Schönburg und von Einsiedel im Zwickauer Muldenland ebenso jene der Fürsten von Reuß. Vgl. Otto Eduard Schmidt: Fürst Otto Carl Friedrich von Schönburg und die Seinen. Familienleben und Kunstpflege eines fürstlichen Hauses im Zeitalter der Empfindsamkeit und der Romantik. Leipzig o. J. (1931); - Gerd-Helge Vogel: Kunst und Kultur um 1800 im Zwickauer Muldenland. Zwickau 1996.

2 Vgl. Gerd-Helge Vogel: Von Paris über Dresden ins Baltikum. Ein Beispiel für die Verbreitung akademischer Lehrprinzipien in Europa, in: Kunst und Aufklärung im 18. Jahrhundert. Kunstbildung der Akademien, Kunstvermittlung der Fürsten, Kunstsammlung der Universität. Katalog zur Ausstellung in Halle/S., Stendal und Wörlitz. Ruhpolding 2005, S. 27-34, bes. S. 32-33.

3 Gerd-Helge Vogel: Friedrich Traugott Georgi (1783-1838) – ein Künstler der Biedermeierzeit aus Schwarzenberg. Zum 175. Todestag des Künstlers am 3. März 1838. Teil I, Biographisches, in: Sächsische Heimatblätter, 59/2013/3, S. 164-176.

4 Vgl. Hermann Uhde (Hrsg.): Erinnerungen der Malerin Louise Seidler. Berlin 1922, S. 41.

„Dresden den 18. December 1816. Die hiesige Kunstakademie verlor durch den Tod die Professoren Zingg, und Vogel. [...] *Auch des Christ. Leberecht Vogels Tod war ein Verlust für unsere Kunstakademie. Man hatte ihn mit einer zarten Seidenraupe verglichen, die im eigenen Faden sich gar lieblich und nützlich umspinnt. Als Portrait- und Geschichts-Mahler umspannte er nur einen enggezogenen Kreis, aber in diesem war er sehr vortrefflich und sehr geistreich. Vorzüglich werden seine Kindergruppen und Kinderköpfe über alles geschätzt. Er selbst war ein kindlicher und guter Mensch, und von Allen, welchen er sich aufschloß, sehr geliebt. Seine Kopien von unserer Gemählde Gallerie wurden wegen ihrer unendlichen Treue und Anmuth stets mit Gold aufgewogen, und war die Forderung von 100 Dukaten eine höchstgelungene Kopie des Mengsischen Amor*[5]*, welcher bey der letzten Ausstellung der Akademie im August dieses Jahres allgemein bewundert wurde, gar nicht übertrieben. Er hatte sich seine eigene Kunsttheorie gebildet und mehrere Jahre im Stillen daran gearbeitet, und als er zu dem mit Mühe ausgefallenen Werk keinen Verleger fand, ließ er es auf eigene Kosten drucken (in Kommission der Waltherschen Buchhandlung) unter dem Titel: Ideen über die Schönheitslehre (182 S. in 4° nebst 27 Kupfertafeln 1812) worin er eine ihm selbst einleuchtende, Fremden aber sehr dunkle Theorie der wellenförmigen, krummen und geraden Linien scharfsinnig genug durchführte. Er hatte noch vor seinem Tod die Freude, einen seiner Söhne als königl. sächsischen Pensionär in Rom mit ausgezeichnetem Beyfall, als Portraitisten, geachtet zu wissen. Papst Pius VII. selbst hatte ihm zu einem großen Portrait Sitzungen gegeben. In diesem talentvollen, ja genialen Künstler hofften verständige Kunstfreunde einst einen Ersatz für unsern unvergeßlichen Graff zu finden.“*[6]

---

5 Gemeint ist A. R. Mengs: Amor, einen Pfeil spitzend, nach 1752, Pastell auf Papier, 47,5 x 39 cm, Staatliche Kunstsammlungen Dresden, Gemäldegalerie Alte Meister, Inv.-Nr. P 177. Doch auf der Dresdner Akademieausstellung von 1816 wurde unter Nr. 433 (der letzten eingetragenen Nummer) *„vom verstorbenen Prof. ord. Vogel“* lediglich das Pastellgemälde „Psyche“ ausgestellt, vgl. Kat. der Dresdener Kunstakademie 1816, Nr. 433), nicht aber die Kopie nach Mengs. Diese von Vogel gemalte Kopie „Amor nach Mengs“ war bereits auf der Dresdner Kunstausstellung von 1808 zu sehen. Vgl. Gerd-Helge Vogel: Christian Leberecht Vogel. Ein Meister der Empfindsamkeit. Zum 250. Geburtstag. Zwickau, Dresden 2009, S. 118, Nr. 110.

6 Nekrolog, in: Kunstblatt, Nr. 2, vom 18. December 1817, S. 7.

Schon 1799, als sich Christian Leberecht Vogel für längere Zeit in Dresden aufhielt, jubilierte die dortige Kunstszene über die zeitweilige Rückkehr des Künstlers in seine Heimatstadt, wie es *Anzeigen zu den deutschen Kunstblättern 1799* nachzulesen ist:

> *„Seit einiger Zeit besitzt Dresden einen seiner schätzbarsten Künstler wieder, in dem Geschichts- und Portraitsmaler Herrn Christian Leberecht Vogel, Pensionär der hiesigen Akademie, welcher bisher auf seinem kleinen Tuskulano bey Wildenfels, in der Stille des Weisen und in einer glücklichen Abgeschiedenheit von dem geräuschvollen Leben, den Musen opferte. Er wird sich nur den Winter über hier aufhalten, wo sein geistreicher Pinsel mit verschiedenen Arbeiten beschäftigt ist, welche das Publikum wahrscheinlich auf der bevorstehenden Kunstausstellung mit gewohntem Vergnügen wiederum bemerken wird."*[7]

Vogels Beliebtheit bei den Zeitgenossen resultierte aus der Tatsache, dass er mit seinen gemütvollen Darstellungen, mit seinen mitunter elegisch einfühlsamen Schilderungen die süße Melancholie wonnevoll empfundenen Schmerzes und sentimentaler Empathie in das Wesen der Mitmenschen – vor allem der Kinder als Sinnbild unschuldiger Jugend, die schnell verblüht – zum Ausdruck zu bringen verstand.[8]
Damit traf er genau das Lebensgefühl der im Selbstgenuss des Leides sich verzehrenden Menschen in der „Goetheschen Wertherzeit"[9], die

---

7 Anzeigen zu den deutschen Kunstblättern, 1799, S. 23, zitiert nach: H. H. Füßli, Allgemeines Künstler Lexikon, Bd. II/10, Zürich 1815, S. 4022; Vgl. Gerd-Helge Vogel, Hermann Vogel von Vogelstein: Christian Leberecht Vogel. Leipzig 2006, S. 152.

8 Vgl. Gerd-Helge Vogel: Christian Leberecht Vogel (1759-1816): Der »Raffael des Kinderbildes« aus Sachsen? Zum 250. Geburtstag des Künstlers auf Schloss Wildenfels am 4. April 2009, in: Sächsische Heimatblätter, 55/2009/2, S. 90-107.

9 Johann Wolfgang Goethe veröffentlichte 1774 *„Die Leiden des jungen Werthers"*, einen Briefroman, der von der Leserschaft der jüngeren zeitgenössischen Generation ausschließlich »empfindsam« aufgenommen wurde, d. h. mit sentimentalem Überschwang. Vgl. Renate Krüger: Das Zeitalter der Empfindsamkeit. Kunst und Kultur des späten 18. Jahrhunderts in Deutschland. Leipzig 1972, S. 41-42.

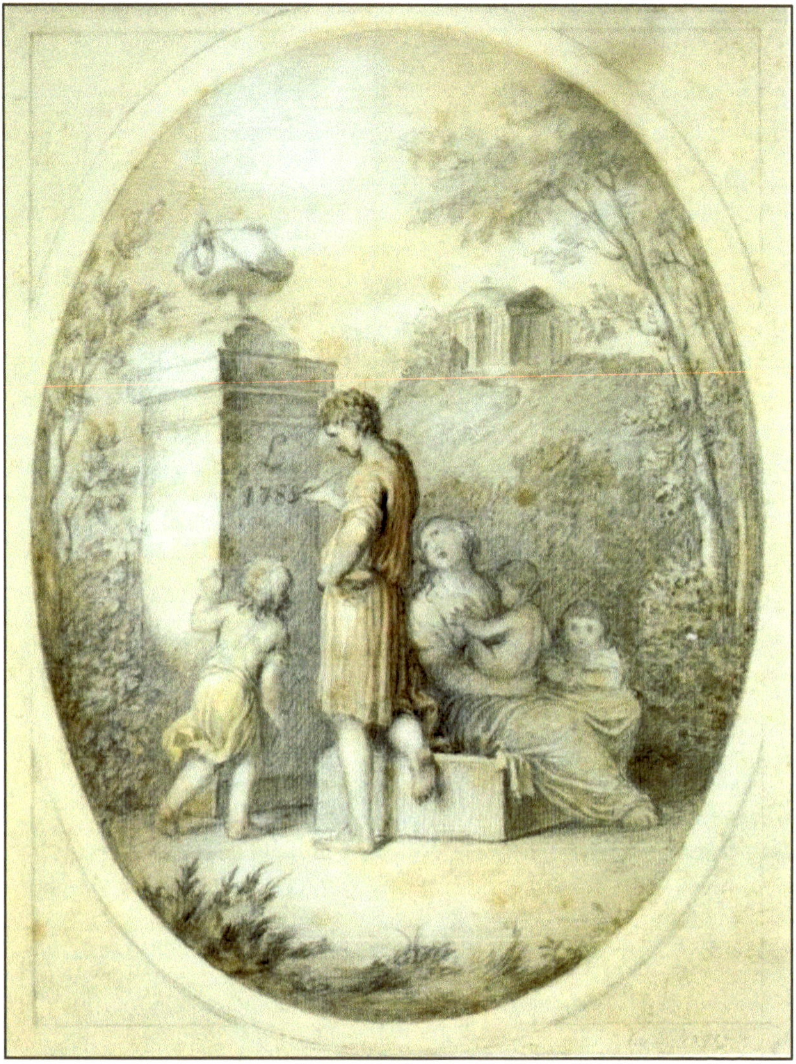

**Abb. 1: Christian Leberecht Vogel:
Arkadische Landschaft mit Denkstein,
Graphit, leicht aquarelliert, 1785.**

in der Epoche der bürgerlichen Aufklärung dem allseits beschworenen Gebrauch des Verstandes das Gefühl als notwendiges Korrektiv zur Seite stellten und damit dem Zeitalter der Empfindsamkeit seinen grundlegenden ästhetischen Charakter verliehen.
Vogels *Arkadische Landschaft mit Denkstein* (siehe Abb. 1)[10], die er dem Gedächtnis der am 13. Januar 1785 verstorbenen Luise Charlotte Polyxena Gräfin zu Erbach-Erbach (*27. Mai 1755), der kaum dreißigjährigen Schwägerin von Friedrich Magnus I. Graf zu Solms-Wildenfels, (1743–1801), der älteren Schwester von dessen Ehefrau Caroline Sophie Wilhelmine, geb. Prinzessin zu Leiningen-Dagsburg-Hartenburg (1757–1832), widmete, bringt dieses wehmutsvolle Empfinden eines *„guten und empfindlichen Herzens“*[11] deutlich zum Ausdruck. Schon Christian Fürchtegott Gellert (1715–1769), der große, volkstümlich gewordene Dichter der bürgerlichen Aufklärung hatte das Empfinden als eine poetisch-pädagogische Hauptforderung für die Funktion der damaligen Kunst bestimmt. Vogels Blatt mit Denkstein setzt der jung verstorbenen Mutter ein bildkünstlerisches Denkmal, wie sie damals tatsächlich in sentimentalen Landschaftsgärten zur wehmütigen Erinnerung an geliebte Verstorbene vielfach gesetzt wurden (siehe Abb. 2), nur mit dem Unterschied, dass er in seiner *Arkadischen Landschaft* zugleich die vom Tod bedrohte Idylle irdischen Daseins als Elegie wachrief. Das dabei gezeichnete Bild ist Theokrits *Erster Idylle* vergleichbar, in der der dichtende Hirte Thyrsis der mythischen Gestalt des sterbenden Daphnis, dem legendären Erfinder des sizilianischen Hirtengesangs, die Hirtenflöte Syrinx an Pan (dem Schutzgott des Waldes und der Weiden) wieder zurückgeben wollte,

---

10 Vgl. Gerd-Helge Vogel, Hermann Vogel von Vogelstein: Christian Leberecht Vogel. Leipzig 2006, S. 56-57; - Gerd-Helge Vogel: Christian Leberecht Vogel. Ein sächsischer Meister der Empfindsamkeit. Zum 250. Geburtstag, Zwickau 2009, S. 35, Nr. 25.

11 Chr. F. Gellert, hier nach: Renate Krüger: Das Zeitalter der Empfindsamkeit. Kunst und Kultur des späten 18. Jahrhunderts in Deutschland. Leipzig 1972, S. 29.

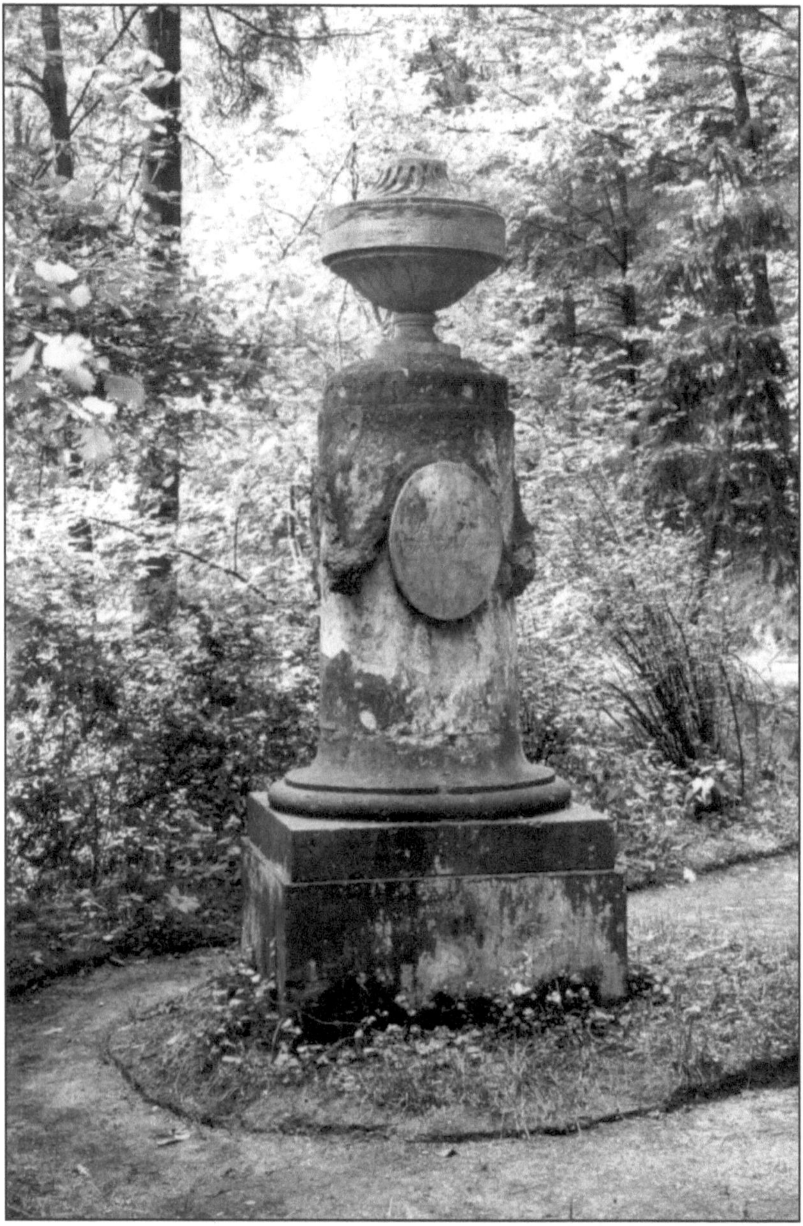

Abb. 2: Denkmal des Erstgeborenen im Grünefelder Park zu Waldenburg.

ehe ihn der Liebeskummer in den Hades zog[12] und damit das Bild von der Anwesenheit des Todes selbst im Glücksland Arkadien anzeigte. Sind es bei Theokrit der sterbende Daphnis und das Grabmal der Helike[13], die sich mit dem Tod in Arkadien verknüpfen, so ist es bei Vogel die wehklagende Mutter in allegorischer Gestalt einer Caritas (Sinnbild der Mutterliebe), die, gleich dem Bild in Virgils *V. Ekloge*[14], dem das Denkmal beschriftenden Hirten die Initialen und das Todesjahr als *memento* der Dahingeschiedenen diktiert. Auf diese Weise werden wir Zeuge einer Variante des berühmten Themas *Et in Arcadia ego*, das schon in der Malerei des Barock im Schaffen von Giovanni Francesco Barbieri, gen. Guercino (1591–1666) (siehe Abb. 3) und Nicolas Poussin (1594–1665) (siehe Abb. 4 und 5) eine große Rolle gespielt hatte, mit nachhaltiger Wirkung auf die Künste bis ins 18. Jahrhundert hinein.[15] Nicht zuletzt sah sich Adam Friedrich Oeser (1717-1799), Zeichenlehrer von Friedrich Magnus I. und häufiger Gast auf Schloss Wildenfels, von dieser Thematik inspiriert.

---

12 Theokrit: Idyllen. I. 123 ff. Der Hirtengott Pan, der Sohn des Hermes und der Nymphe Dryope, lebte nach Theokrit im Lykaion-Gebirge, im südwestlichen Teil der mittelpeleponnesischen Landschaft Arkadien, die ihm heilig war. Vgl. dazu auch: Klaus Garber: Der locus amoenus und der locus terribilis. Bild und Funktion in der deutschen Schäfer- und Landlebendichtung des 17. Jahrhunderts. Köln, Wien 1974, S. 39.

13 In Arkadien regierte im ehernen Zeitalter Lycaon als König. Die Sage schreibt jenem König große Grausamkeit zu, weshalb ihn Zeus aus Zorn in einen Wolf verwandelte; Lycaons Söhne wurden von Zeus erschlagen, die Tochter Helike fand ihr Grabmal auf einer Felskuppe des Berges Lykaion, das auch von den Glückseligen verehrt wird. Damit stellte schon Theokrit die gedankliche Verbindung zwischen der Landschaft Arkadien, dem Tod und der Errichtung eines Denkmals für die Verstorbenen her.

14 Virgil: V. Ekloge, 41-44, in der Daphnis vor seinem Dahinscheiden den klagenden Nymphen seine Grabinschrift diktierte: „Ich war Daphnis, den Sternen bekannt, ich lebt in den Wäldern/Herrlichen Viehes ein Hirte, doch schöner noch war ich ja selber."

15 Vgl. Erwin Panofsky: Et in Arcadia ego, Poussin und die Tradition des Elegischen, neu abgedruckt in: Erwin Panofsky: Sinn und Deutung in der bildenden Kunst (Meaning in the Visual Arts). Nachdruck der Ausgabe Köln, DuMont, 1978. Köln 1996, S. 351-377.

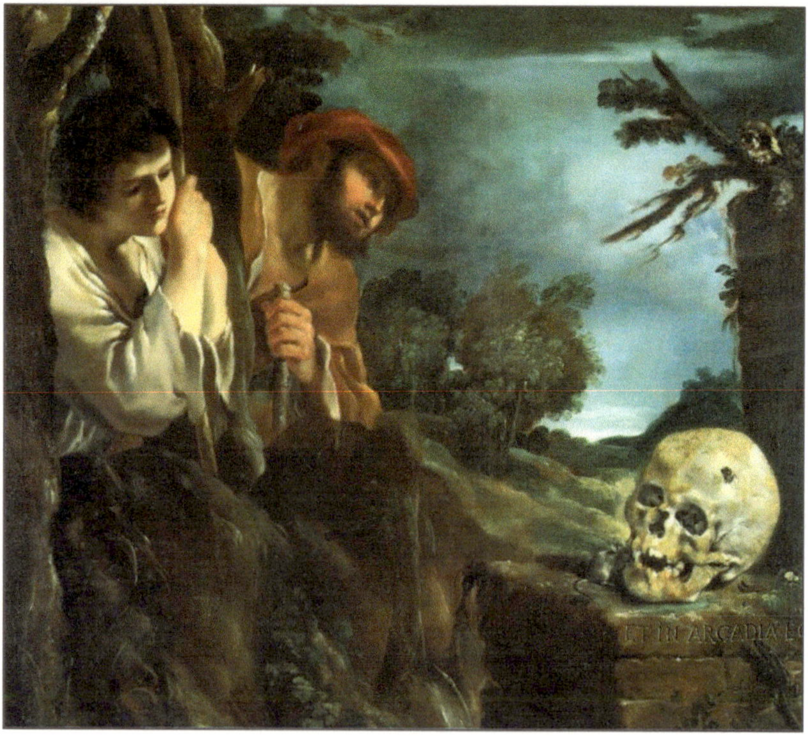

Abb. 3: Francesco Barbieri, gen. Guercino:
Et in Arcadia ego, Öl auf Leinwand, um 1621/23.

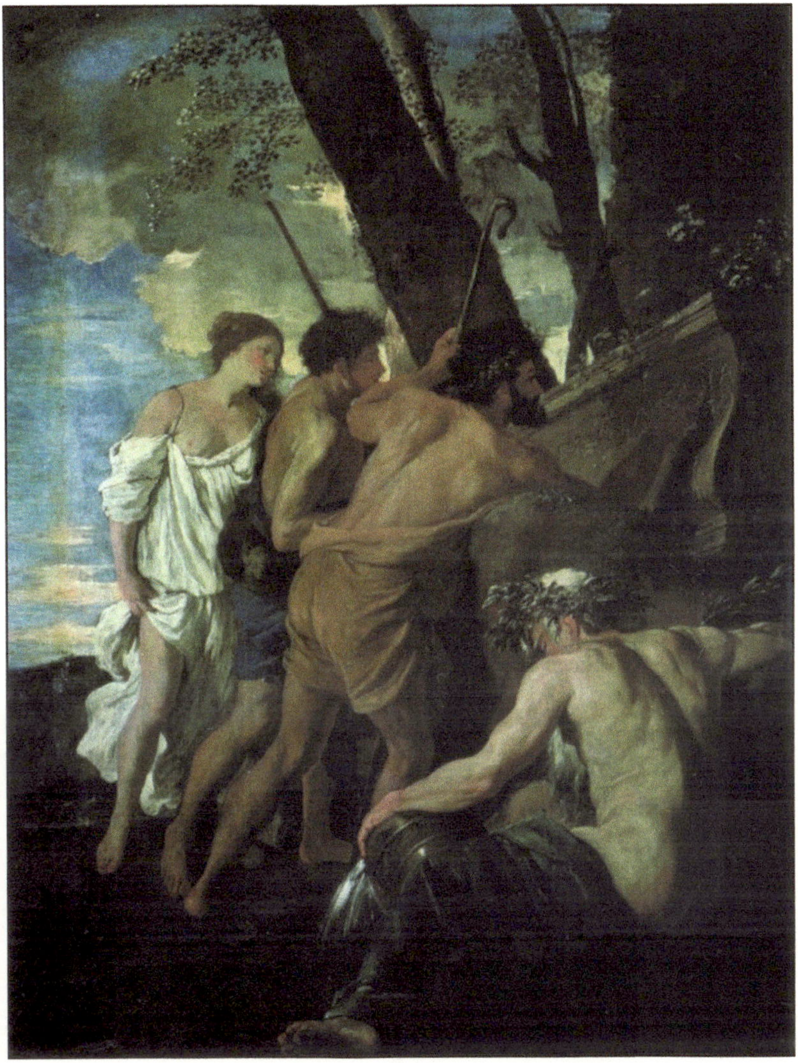

Abb. 4: Nicolas Poussin: Et in Arcadia Ego,
Öl auf Leinwand, um 1630.

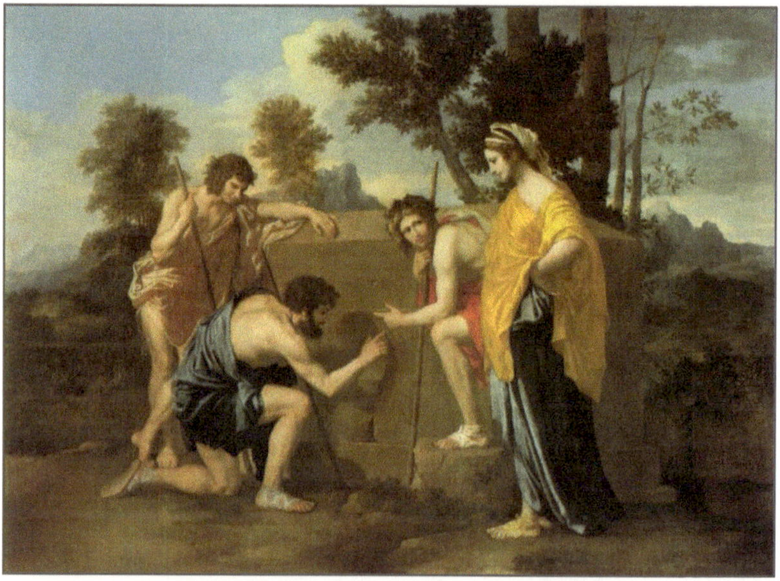

Abb. 5: Nicolas Poussin: Et in Arcadia ego.
Öl auf Leinwand, um 1640/45.

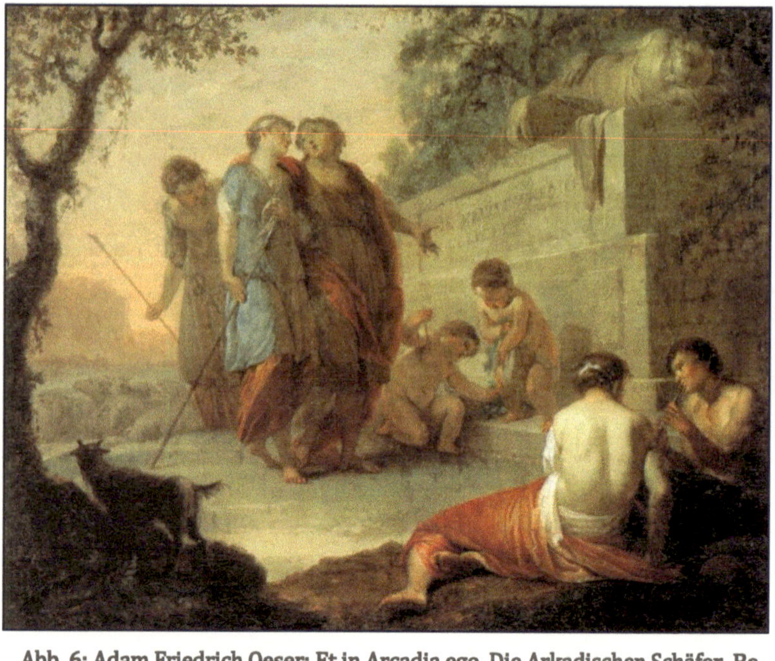

Abb. 6: Adam Friedrich Oeser: Et in Arcadia ego. Die Arkadischen Schäfer, Beschriftet: Και εΥωερ Αχαδια, Öl auf Leinwand, vor 1760 bzw. 1767-1777.

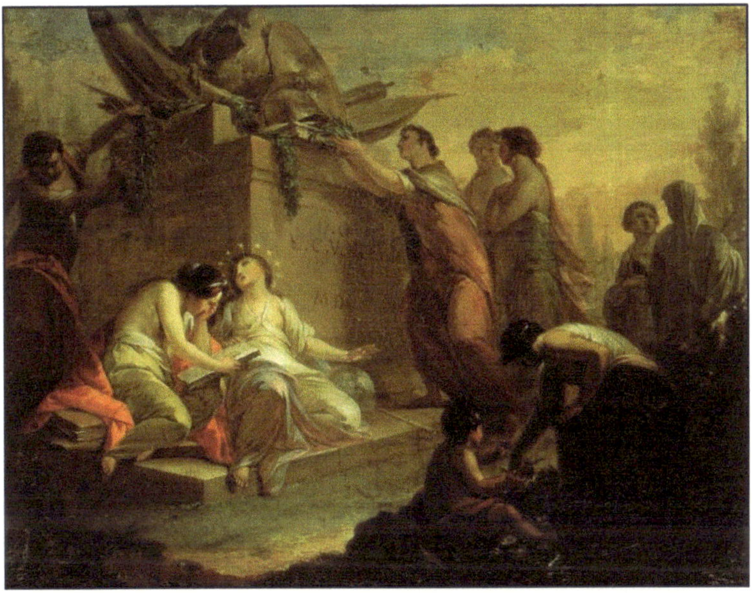

Abb. 7: Adam Friedrich Oeser: Memorialbild auf Ewald von Kleist, Öl auf Leinwand, 1761.

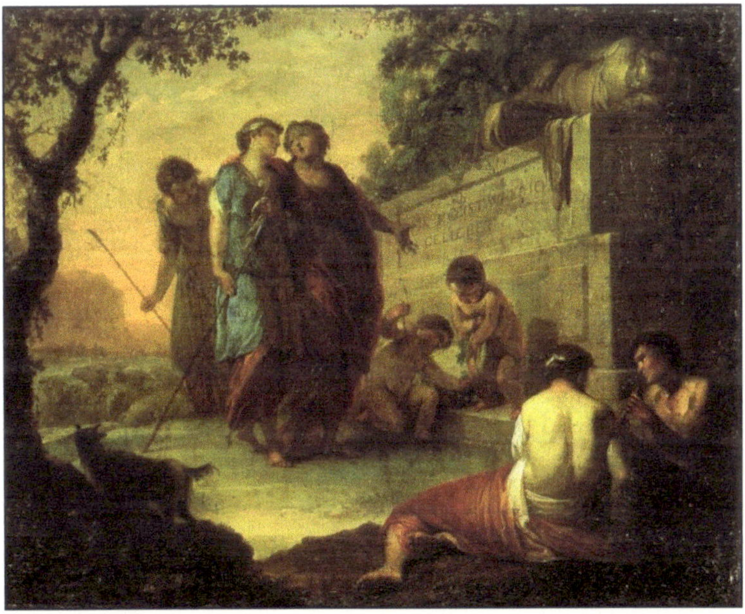

Abb. 8: Adam Friedrich Oeser: Memorialbild – arkadische Landschaft mit Monument „Von Kleist ward ich geliebt“, Öl auf Leinwand, 1761.

Er schuf wohl zwischen 1767 und 1777[16] – nach anderer Auffassung noch vor 1760[17] – mit seiner eigenen Variante von *Et in Arcadia ego,* die die arkadischen Schäfer zeigt, gleichermaßen eine elegische Idylle wie idyllische Elegie, die als eines seiner bekanntesten Tafelbilder gilt.[18] Bei Oeser ist *„die melancholische Stimmung des Poussin-Bildes* [...] *einer arkadisch heiteren Gestimmtheit gewichen. In die figurenreiche Komposition von Tanzenden und Beieinander-Sitzenden wird das Andenken an die verstorbene Gespielin, die einst im am paradiesisch glücklichen Dasein in Arkadien teilnahm, ungezwungen einbezogen. Oeser wählt ein Freundinnenpaar, das sich die Inschrift auf dem Steinsarkophag ansieht. Rechts im Vordergrund gruppiert sich eine Familie, links davon ist ein Hirtenidyll zu sehen, im Hintergrund sind tanzende Menschen. Die Verstorbene scheint wie selbstverständlich in das Leben der Hinterbliebenen integriert zu sein.“*[19] Zu diesem Bild *Die Arkadischen Schäfer* schuf Oeser 1761 noch zwei weitere Varianten, die er als Pendants dem Andenken des Dichters Ewald Christian von Kleist widmete: das *Memorialbild auf Ewald von Kleist* (siehe Abbildung 7) und das *Memorialbild – arkadische Landschaft mit Monument „Von Kleist ward ich geliebt“* (siehe Abbildung 8), das mit seiner Inschrift darauf schließen lässt, dass es sich dabei um Johann Ludwig Wilhelm Gleims (1719–1803) eigenes Grabmal handelt.[20] Beide Memorialbilder der miteinander befreundeten Dichter bekunden gemeinsam,

---

16 Vgl. Gert von der Osten (Bearb.): Katalog der Gemälde Alter Meister in der Niedersächsischen Landesgalerie Hannover, Katalog der Gemälde Alter Meister. Hannover 1954, S. 114, Nr. 258; Angelica Dülberg (Bearb.): Niedersächsisches Landesmuseum Hannover. Landesgalerie. Die deutschen, französischen und englischen Gemälde des 17. und 18. Jahrhunderts sowie die spanischen und dänischen Bilder. Kritischer Katalog mit Abbildungen aller Werke. Hannover 1990, S. 55-56.

17 Vgl. Timo John: Adam Friedrich Oeser (1717-1799). Studie über einen Künstler der Empfindsamkeit. Beucha 2001, S. 111.

18 Vgl. John 2001 (Anm. 17), S. 110-113.

19 Vgl. John 2001 (Anm. 17), S. 112.

20 Vgl. Doris Schumacher: Freundschaft über den Tod hinaus. Die bürgerliche Kultur des Gedenkens im 18. Jahrhundert am Beispiel von Johann Wilhelm Ludwig Gleim, in: Ute Pott (Hrsg.): Das Jahrhundert der Freundschaft. Johann

dass ihre Freundschaft unvergänglich ist und selbst über den Tod hinaus noch fortbesteht! Poussins Bildformel wurde im Auftrag des Magdeburger Kaufmanns und Gleim-Freundes Heinrich Wilhelm Bachmann (1737–1776) an Oeser zur elegischen Idylle weiterentwickelt, um mit den Monumenten der Freundschaft in Arkadien der Idee der Freundschaft den Ausdruck des Ewigen zu verleihen.

Christian Leberecht Vogel wird gewiss Oesers Bildfindungen – wenn nicht im Original, so doch zumindest als kompositorische Zeichnung – gekannt haben, zumal er sich auch bei der Gestaltung der Urne von Oesers Entwurf zum Denkmal für Christian Fürchtegott Gellert (1715–1769) in Leipzig inspirieren ließ (siehe Abbildung 9), das im Stich von Christian Gottlieb Geyser (1742–1803) nach der Zeichnung von Daniel Chodowiecki (1726–1801) als Memoria für den hochverehrten Dichter seinerzeit eine weite Verbreitung gefunden hatte.

Während Oeser in seiner Darstellung *Die arkadischen Schäfer* (siehe Abbildung 6) lediglich die wehmutsvolle Erinnerung an die verstorbene Freundin sanfter Empfindung ins Gedächtnis ruft und bei den als Gegenstücke konzipierten Memorialbildern auf die Freundschaft zwischen Kleist und Gleim (siehe Abbildung 7 und 8) die edle Verbindung zwischen den Freunden in der Gewissheit verklärt, dass diese Freundestreue über den Tod hinaus im Hirtenland Arkadien ihre Fortsetzung findet, verstärkt sich bei Vogel das Trauergefühl der Klage über den schmerzlichen Verlust der siebenfachen Mutter durch die Konkretheit der Person, der dieses Gedenken gilt. Dennoch entspricht der

---

Wilhelm Ludwig Gleim und seine Zeitgenossen. Ausstellungskatalog Gleimhaus Halberstadt. Göttingen (Schriften des Gleimhauses Halberstadt 3), S. 33-52; -Doris Schumacher: Kunst im Licht der Aufklärung – Johann Wilhelm Ludwig Gleims Beitrag zur Kunstgeschichte. Halberstadt, Gleimhaus, in: Kunst und Aufklärung im 18. Jahrhundert. Kunstausbildung der Akademien, Kunstvermittlung der Fürsten, Kunstsammlung der Universität. Gesamtkatalog der Ausstellungen in Halle, Stendal und Wörlitz. Ruhpolding 2005, S. 303-314, hier S. 305-306. Eine weitere Variante dieser elegischen Schäferszene befindet sich mit der Inschrift „*V. B. ward ich geliebt*" im Museum der bildenden Künste zu Leipzig. Vgl. Richard Hüttel: Das Evangelium des Schönen. Zeichnungen von Adam Friedrich Oeser (1717-1799), München2008, S. 114-115.

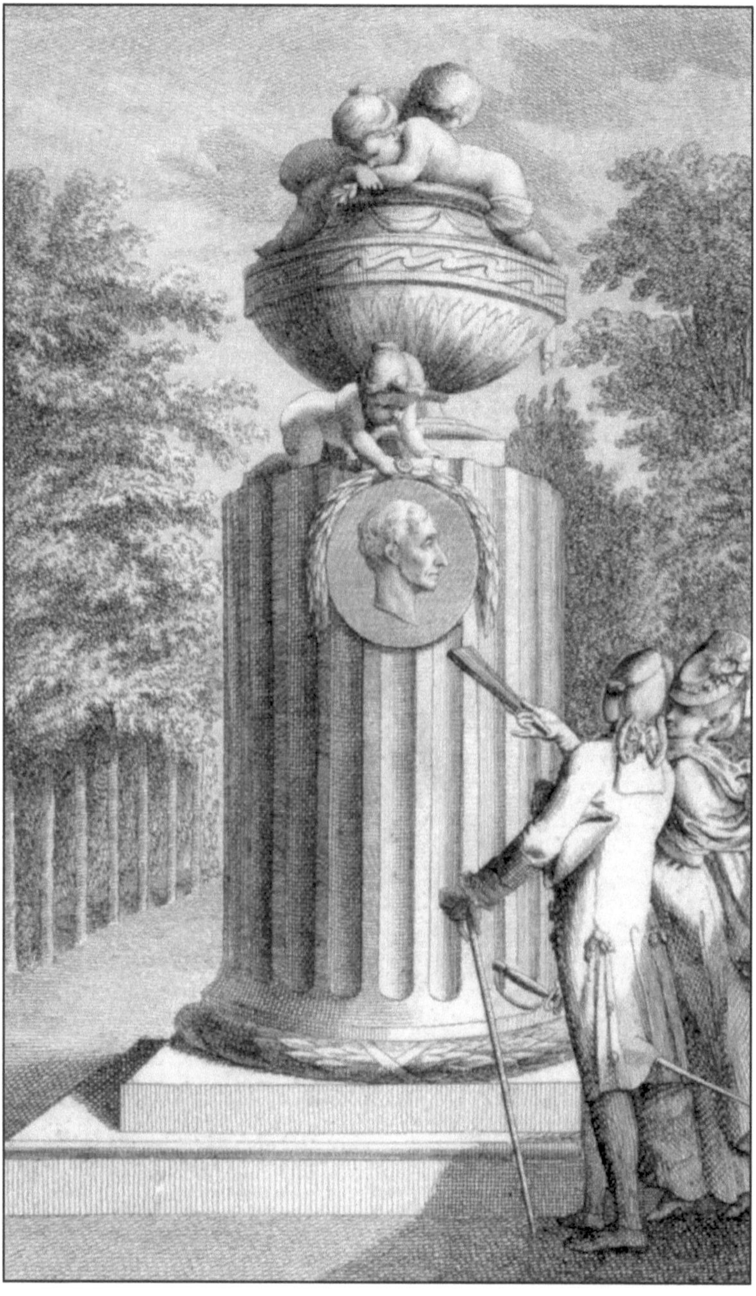

Abb. 9: Christian Gottlieb Geyser nach Daniel Chodowieckis Zeichnung von Adam Friedrich Oesers Entwurf: Gellert-Monument, Kupferstich.

Naturausschnitt, den Vogel wählte, jenem schon von Oeser gezeigten *locus amoenus* in klassisch arkadischer Landschaft, „*über dem sich eine liebliche, fast süßliche Atmosphäre ausbreitet.*[21] *Es geht nicht um die Weite und Unbegrenztheit der erhabenen Natur, sondern um die begrenzte, überschaubare, idyllische oder – wie Hagedorn sie nennt – die »gesperrte« Landschaft.*[22]

Auf diese Weise gelingt es Vogel, das traurige Geschehen am Wildenfelser Hofe in die Sphäre einer arkadischen Idylle zu versetzen und so den antiken Mythos von den elysischen Feldern wachzurufen, jenem „*wonnigen Aufenthaltsort der Seligen, welchen die Phantasie der Dichter mit den lieblichsten Farben ausgeschmückt hat, das Paradies der Griechen und Römer.* [...] *Es herrscht auf diesen elysischen, von ewigem Sonnenschein erhellten Fluren, welche jährlich dreimal die reichste Ernte der süßesten Früchte liefern, weder Schnee, noch Winter, noch Regengewitter; ein beständiger Westwind* [...] *säuselt daselbst, um die Wangen der glücklichen Bewohner zu kühlen. Kronos (Saturnus) führt das Zepter über das gesammte Reich.* [...] *nur die Lieblinge der Götter gelangen dahin, die Frommen und Tugendhaften* [...]. *Sie leben dort, dem Tode für immer entrückt, in unwandelbarer Glückseligkeit.*“[23]

Mit dieser Sinngebung einer idyllischen Überhöhung vermochte Vogel, ähnlich wie Oeser und ganz im Sinne der Empfindsamkeit, dem Todesereignis eine tröstliche, versöhnliche Wendung abzugewinnen, die den Schmerz über den unersetzlichen Verlust zu mildern wusste, indem er ihn mit Hoffnung auf eine bessere Zukunft erfüllte.

---

21 Charlotte Luise Polyxena Gräfin zu Erbach-Erbach, geb. Prinzessin zu Leiningen-Dachsburg-Hartenburg (27. Mai 1755-13. Januar 1785) brachte insgesamt sieben Kinder, darunter die Tochter Auguste Caroline (*1783) zu Welt.

22 John 2001, (Anm. 17), S. 112.

23 Stichwort Elysium, in: Johannes Minckwitz: Illustrirtes Taschenwörterbuch der Mythologie aller Völker. Zweite Auflage. Leipzig 1856, S. 217-218.

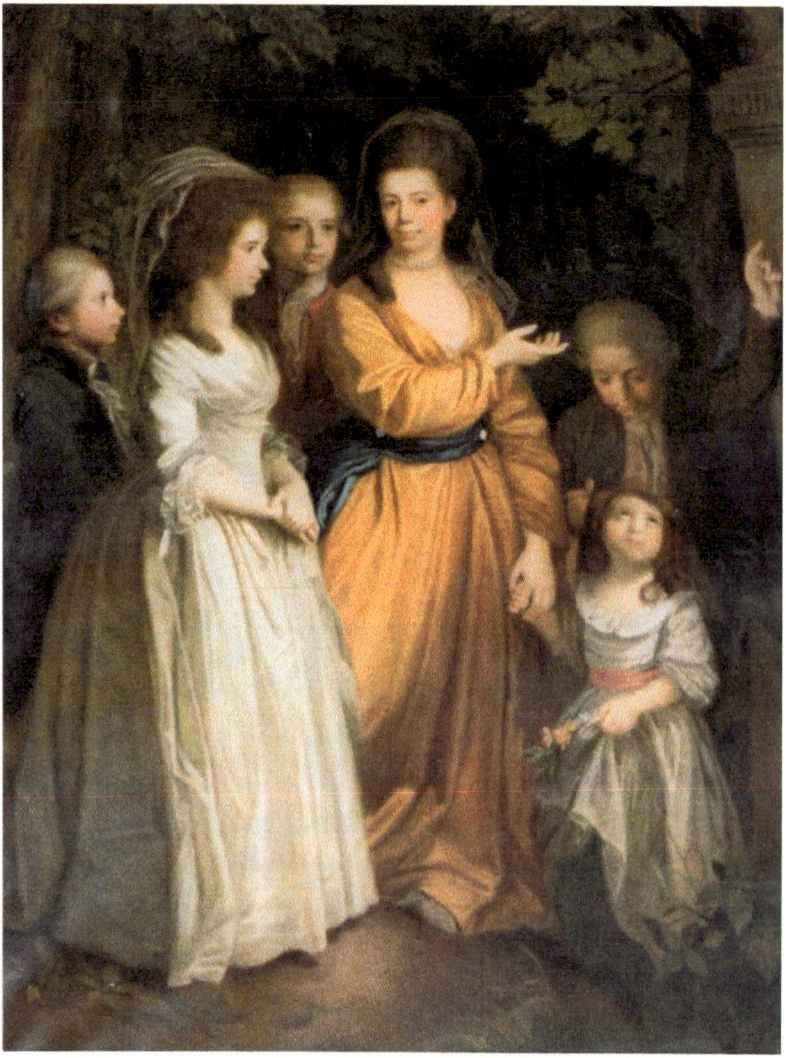

**Abb. 10: Christian Leberecht Vogel:
Sidonie Albertine Gräfin von Einsiedel im Park von Wolkenburg
an Gellerts Büste vorbeischreitend, Öl auf Leinwand, um 1785.**

Vogel als Schöpfer der pädagogischen Idylle im Familienporträt

Dort, wo Gellert in seinen Fabeln, Lustspielen, Oden, Elegien und Romanen dem schlichten bürgerlichen Publikum beispielgebende Vorbilder mit den Mitteln der Poesie zeichnete, um allgemeinverständlich und ohne spitzfindige Gelehrtheit „*die Wahrheit durch ein Bild zu sagen*“[24], bediente sich Vogel vergleichbarer Mittel in der Malkunst, wenn er zum Beispiel in einem *Gruppenporträt Sidonie Albertine Gräfin von Einsiedel gemeinsam mit einigen ihrer Kinder im Park von Wolkenburg an der Büste des verehrten Dichters Christian Fürchtegott Gellert vorbeischreiten* lässt (siehe Abbildung 10). In diesem Gruppenporträt, das man aufgrund seines didaktischen Inhalts als eine pädagogische Idylle bezeichnen könnte, weil es in völliger Harmonie die erzieherische Funktion der Mutter für ihre gelehrigen Sprösslinge hervorhebt, zeigt der Maler die Gräfin Einsiedel bei der vorbildlichen Belehrung ihres Nachwuchses, dem sie die moralischen Lehren Gellerts im unmissverständlichem Gestus des Verweises auf dessen Denkmal eindringlich ans Herz legt. Bedächtig, einsichtsvoll und mit gespannter Erwartung folgen die Zöglinge den belehrenden Ausführungen ihrer Mutter über den von seinen Zeitgenossen ehrerbietig als *Leipziger Phaedrus*[25] bezeichneten Fabeldichter. Dass die Wirkung ihrer Worte nicht wirkungslos verblasst, macht der Fingerzeig des kleinen Ferdinand von Einsiedel (1775–1833) deutlich, der auf die Dich-

---

24 Chr. F. Gellert, zitiert nach Karl Wolfgang Becker: Nachwort, in: Christian Fürchtegott Gellert: Fabeln und Erzählungen, Leipzig 1967 (Reclams Universal-Bibliothek Nr. 352).

25 Vgl. Karl Wolfgang Becker (Anm. 24), Rücktitel. Phaedrus war ein römischer Fabeldichter, der im 1. Jh. als Sklave aus Pierien (Nordgriechenland/Makedonien) von Augustus freigelassen worden war. Phaedrus schrieb fünf Bücher *Fabeln*, die z. T. auf den griechischen Fabeldichter Aisopos (Äsop) (6. Jh. v. d. Zw.) zurückgehen, z. T. eigene Schöpfungen waren, die aber nicht vollständig erhalten geblieben sind. Seine Fabeln hatten einen starken sozialkritischen Charakter und bedienten sich gelegentlich auch satirischer Anspielungen auf die Zeitverhältnisse.

terbüste weist und so der jüngeren Schwester Julie (1783–1864) die sittlichen Erläuterungen der Mutter mit kindlichen Worten eindrucksvoll wiederholt. Dadurch verstärkt sich die vom Bruder vorgetragene sittliche Botschaft, die im empfindsamen Gemüt des kleinen Mädchens auf fruchtbaren Boden zu fallen scheint, um so ihre tugendhafte Erziehung befördern und ihren Charakter veredeln zu helfen. Auf diese Weise wird die erzieherische Botschaft Gellerts, der von seinen Zeitgenossen oft auch als *„Oberhofmeister der Nation“*[26] bezeichnet wurde, zu einem poetischen Bild verdichtet, in dem sich das Bewusstsein des aufgeklärten Adels als Vorreiter bürgerlicher Moralbegriffe ebenso eindrucksvoll spiegelt wie die pädagogische Funktion der Künste. Dichtung, Gartenkunst und Malerei finden sich hier zu einem poetischen Bild der Wahrheit komprimiert, das zugleich mit seinem vorgeführten Familienideal als Muster für die Allgemeinheit dient.

Bei allem Realismus, den Vogel in dieser monumentalen Gestaltung von einem Teil der Familie von Einsiedel obwalten lässt, kommt dennoch das aufklärerische Prinzip der Idyllisierung zum Tragen, die hier durch die Kulisse des Wolkenburger Parks eine wirklichkeitsnahe Basis erhält, denn auch am Einsiedelschen Hofe galten die ästhetischen Ideale der Zeit der Empfindsamkeit und des Klassizismus der Aufklärung. Genau wie in Wildenfels, in Waldenburg oder Lichtenstein wurde ebenso am Hofe zu Wolkenburg der Sehnsucht nach der Rückkehr des verlorenen *„Goldenen Zeitalters“* durch eine entsprechende

[26] Gellert hielt ab 1744 als Privatdozent und ab 1751 als außerordentlicher Professor an der Philosophischen Fakultät der Universität Leipzig vor einem ungewöhnlich großen Hörerkreis Vorlesungen über Poesie, Beredsamkeit, Moral und Pädagogik; Vorlesungen, die auch von vielen jungen Adligen (u. a. Friedrich Magnus I. Graf zu Solms-Wildenfels) besucht wurden. Gellert wirkte mit seinem aufgeklärten Gedankengut nachhaltig auf die Erziehung der intellektuellen Jugend in Deutschland und hielt zu Humanität, statt zu Despotismus an. Vgl.: Karl Hahn: Ein gräflicher Student in Leipzig 1761 bis 1763, in: Alt Zwickau. Beilage zur Zwickauer Zeitung. Zwickau 1922, Nr. 3 und 4, S. 9-15; Gerd-Helge Vogel: Kunst und Kultur um 1800 im Zwickauer Muldenland, Zwickau 1996, S. 13-14.

Förderung der Künste Ausdruck verliehen. Auch dort hatte Adam Friedrich Oeser mit seinem Deckengemälde *Saturn, der der Glückseligkeit befiehlt,* im neu gestalteten Festsaal des Schlosses die politische Programmatik der kleinen muldenländischen Herrschaftssitze bestimmt und damit im gesamten Ensemble von Schloss, Park, Kirche und Manufaktur den utopischen Traum von einer glücklichen Reformierung der Gesellschaft nach arkadischem Muster nähren helfen.[27] Als nicht regierende Fürsten versuchten die Herren Solms, Schönburg und Einsiedel zumindest innerhalb ihres relativ kleinen Verantwortungsbereiches durch ihr mäzenatisches Wirken als Pietisten und Freimaurer die Welt durch Erziehung und eigenes Vorbild zu verbessern.[28] Derartig philanthropische Verhaltensmuster dienten der politischen Abgrenzung gegenüber den eigentlich Herrschenden, als deren bessere Alternative man sich auf diese Art und Weise präsentierte. Die Anpassung an Vorgaben der geistigen Eliten des intellektuellen Bürgertums war dabei ebenso selbstverständlich wie die Beauftragung geeigneter Künstler wie Oeser oder Vogel, die dieser Vorstellungswelt des aufgeklärten Absolutismus Rechnung trugen.

So trafen Oesers und Vogels aufgeklärtes Gedankengut und empfindsames Einfühlungsvermögen in den Familien des muldenländischen Adels auf ein Publikum, das diese Lehren längst verinnerlicht hatte, da sie als Inhaber kleiner Standesherrschaften nach dem Verlust ihrer staatlichen Souveränität ihre politische Legitimation und privilegierte soziale Stellung lediglich aus dem Adel ihres Handelns, also aus dem Edelmut ihrer aufgeklärten, humanistischen Gesinnung, herzuleiten

---

27 Vgl. Gerd-Helge Vogel: Schloss Wolkenburg. Manifest gewordenes Sinnbild für Wolkenburgs „Goldenes Zeitalter“: Zwei Rückblicke und ein Ausblick zur kulturpolitischen Bedeutung von Schloss- und Park-Ensemble Wolkenburg, in: Stadtverwaltung Limbach-Oberfrohna (Hrsg.): Ein Vierteljahrhundert zum Besten der Stadt. 25 Jahre kommunale Selbstverwaltung Limbach-Oberfrohna 1990-2015. Limbach-Oberfrohna 2015, S. 167-181, bes. S. 170-176; - Derselbe: Schloss und Park Wolkenburg in der deutschen Kultur- und Kunstgeschichte, in: Sächsische Heimatblätter, 62/2016/3, S. 282-292, hier bes. S. 284-289.

28 Vgl. Vogel 1996, (Anm. 1), S. 11-13.

vermochten. Die Grundlage ihrer Humanität basierte auf Überzeugungen pietistischer Frömmigkeit und Nächstenliebe gepaart zumeist mit freimaurerischen Aktivitäten, die als „*Verschwörung zum Guten*" zur Beförderung des Allgemeinwohls beitrugen.[29] Damit vertraten sie gegenüber den Positionen der weit mehr auf Bewahrung absolutistischer Herrschaftsformen eingestellten kurfürstlichen Regierung eine modernere bürgernahe Haltung, die das materielle und geistige Wohl der Schutzbefohlenen Untertanen mit im Auge hatte. Insofern betätigten sie sich als „*Reformer von oben*", die die Sozialutopie einer guten Gesellschaft mittels Erziehung zum Edlen, Schönen und Guten für alle erstrebten und deshalb mit kultureller Förderung vornehmlich pädagogische Ziele verfolgten, bei der die Egalität der Stände und der Zugang der unteren Volksschichten zu Kunst und Kultur als Hauptelemente der Bildung eine große Rolle spielten.

Seit seiner 1780 erfolgten Anstellung als Hofmaler des Grafen Friedrich Magnus I. zu Solms-Wildenfels wirkte Christian Leberecht Vogel vorwiegend am kleinen Wildenfelser Musenhof, doch aufgrund seiner unzureichenden Auslastung dort wurde er ebenso von den benachbarten Herrschaften der Herren von Schönburg,[30] Einsiedel,[31] Reuß,[32] von der Schulenburg[33] usw. rege in Anspruch genommen. Auf diese Weise entwickelte sich der junge Künstler mit seinem Schaffen zum visuellen Sprachrohr der Gesinnung seiner muldenländischen und

29 Vgl. Vogel 1996 (Anm. 1), S. 11-13; - Vogel 2009 (Anm. 11), S. 42-55.

30 Vgl. Otto Eduard Schmidt: Fürst Otto Carl Friedrich von Schönburg und die Seinen. Familienleben und Kunstpflege eines fürstlichen Hauses im Zeitalter der Empfindsamkeit und der Romantik. Leipzig o. J. (1931).

31 Vgl. Vogel 1996 (Anm. 1), S. 61-75.

32 Vgl. Vogel 2009 (Anm. 10), S. 72; -F. A. Brockhaus: Conversations-Lexikon. Neue Folge (In zwei Bänden). Zweite Abtheilung des zweiten Bandes oder des Hauptwerkes zwölften Bandes zweite Hälfte, Leipzig 1826, S. 484-485.

33 Vgl. Vogel (Christian Leberecht), Stichwort in: Conversations-Lexikon. Neue Folge (In zwei Bänden), Zweite Abteilung des zweiten Bandes oder des Hauptwerkes zwölften Bandes zweite Hälfte. S-Z. Leipzig F. A. Brockhaus 1826, S. 484-486, hier: 485 (allerdings Namensvertauschung Schönburg statt Schulenburg in Klosterrode; - Georg Kaspar Nagler: Neues allgemeines Künstlerlexikon. Bd. 20, 1850, S. 491-493.

ostthüringischen Auftraggeber. Sie sahen in den neuartigen Ausdrucksformen des empfindsamen Klassizismus mit seinen bevorzugten Gattungen des Porträts und der Historienmalerei ein wichtiges Mittel zur Erneuerung der Gesellschaft, weil sich in ihnen die Ideale einer humaneren Welt spiegeln, deren Wertekanon sich auf diese Weise propagandistisch verbreiten ließ.

In dieser Hinsicht war Christian Leberecht Vogel allerdings nicht der künstlerische Wegbereiter dieser Auffassung, vielmehr kann er zusammen mit seinem älteren Mitstreiter Adam Friedrich Oeser (1717–1799) als deren Vollender im westsächsischen Raum betrachtet werden. Beide Künstler verliehen durch ihre einfühlsam-empfindsamen Werke jenen Idealen des gutmütigen, edlen menschlichen Wesens und Handelns einen gefühlvollen – oft sogar sentimentalen – Ausdruck, der zum Mitgefühl auffordert. Damit entsprachen sie genau jenem politischen Bedürfnis und Selbstverständnis des von der Empfindsamkeit geläuterten Adels der hiesigen Standesherrschaften nach der sozialutopischen Projektion einer Wunschwelt, deren idyllischer Charakter von der Ethik empfindsamen Mitgefühls und der Ästhetik der *„edle*[n] *Einfalt und stille*[n] *Größe"* [34] antiker Muster geprägt wurde.

[34] Johann Joachim Winckelmann: Gedanken über die Nachahmung der griechischen Werke in der Malerei und Bildhauerkunst, in: Helmut Holtzhauer (Hrsg.): Winckelmanns Werke in einem Band. Berlin, Weimar 1969, S. 1-47, hier S. 20.

Ewald von Kleist und die „Wildenfelser Idylle“ von 1759 als ein geistiger Wegbereiter des empfindsamen Klassizismus in Sachsen

Die Spuren der Anfänge dieser gesellschaftlichen und ästhetischen Entwicklung hin zum *Zeitalter der Empfindsamkeit* und zum Frühklassizismus lassen sich im Zwickauer Muldenland bis in die vorhergehende Generation zurückverfolgen. Sie scheinen hier im Juni 1759 mit der berühmt gewordenen *Wildenfelser Idylle*[35] des Dichters und preußischen Offiziers Ewald von Kleist (1715–1759) (siehe Abbildung 11) – mitten in der Unruhe des *Siebenjährigen Krieges* – ihren Ausgang genommen zu haben und offenbarten sich als eine Kultur menschlichen Feingefühls, die im Kontrast zur raffinierten Sinnenfreude des sonst noch allenthalben vorherrschenden Rokokos steht. Während seines Militärlagers in Hartenstein erhielt Kleist, vermittelt über den aus Annaberg stammenden Philosophen und Dichter Christian August Clodius (1738–1784)[36], die wiederholte Einladung von der verwitweten Albertine Charlotte Gräfin Solms-Wildenfels (1721–1799)[37], der Mut-

---

35 Die *Wildenfelser Idylle* fand zwischen dem 25. und 29. Juni 1759 statt. Vgl. Karl Hahn: Ewald von Kleist in Zwickau und Wildenfels 1758 und 1759, in: Neues Archiv für sächsische Geschichte und Altertumskunde, Bd. 32, Dresden 1921, S. 64-88.

36 Siehe Abb. 12; Kleist hatte Christian August Clodius, Sohn des Rektors des Zwickauer Gymnasiums Christian Clodius (1694-1778), schon 1758 als damaligen Studenten der Philosophie während eines längeren Aufenthaltes in Zwickau kennengelernt. Vgl. Adalbert Elschenbroich: Clodius, Christian August, in: Neue Deutsche Biographie 3, 1957, S. 292-293; Clodius behielt die Verbindung zum Hause Solms bei. Seit den 1760er Jahren beschäftigte er sich intensiv mit der antiken Mythologie und deren Darstellung in den Künsten. Zu Ovids *Metamorphosen* und der antiken Götterlehre hielt er in Leipzig Vorlesungen. Vgl.: Brief von C. A. Clodius an Christian Ludwig von Hagedorn vom 26.04. 1766, in: Torkel Baden (Hrsg.): Briefe über die Kunst von und an Christian Ludwig von Hagedorn, hrsg. von Torkel Baden, Leipzig 1797, S. 156.

37 Die aus den Niederlanden stammende Albertine Charlotte Gräfin Solms geb. von Bylandt-Palsterkamp (18. 11. 1721 Nijmegen–18.01. 1799Nijmegen) hatte sich am 11. 11. 1738 mit Heinrich Carl Graf zu Solms-Wildenfels (28.02. 1706 Königsberg–07. 10. 1746 Nijmegen) vermählt und führte nach dessen frühen Tod zusammen mit dem Vormund Friedrich Ludwig Graf zu Solms-Sachsenfeld (1708–1789) von 1746–1761) den Wildenfelser Hof in ähnlicher

ter des Friedrich Magnus I. (1743–1807), zum Besuch auf Schloss Wildenfels, dem er gern Folge leistete. Triebkraft dieser Einladung war wohl das erhoffte Urteil des gefeierten Dichters zum literarischen Wert einer Übersetzung eines „*lehrreiche*[n] *Gedicht*[s] *des jüngern Racin von der Religion*", das, wie Clodius später schilderte, von „*eine*[r] *der würdigsten Damen, von großer Geburt, und erhabnen Eigenschaften des Geistes, warm für die Religion, und edel in ihren Gesinnungen*"[38] übersetzt worden war. Offenkundig hatte sich zur damaligen Zeit am Wildenfelser Hof um die verwitwete Gräfin eine Gruppe schöngeistiger Frauen und Männer versammelt, die sich dilettierend mit Philosophie, Religion und Dichtkunst beschäftigten und die gern die Gelegenheit der Anwesenheit des erfahrenen Dichters zu nutzen wünschten, die Früchte ihres geistigen Schaffens beurteilt zu wissen. Der in diesem Kreis verkehrende junge Philosophiestudent Clodius diente ihnen als Mittelsmann, den dichtenden Major um sein Urteil zu bitten, der kurz zu einem wohlwollenden Ergebnis kam:

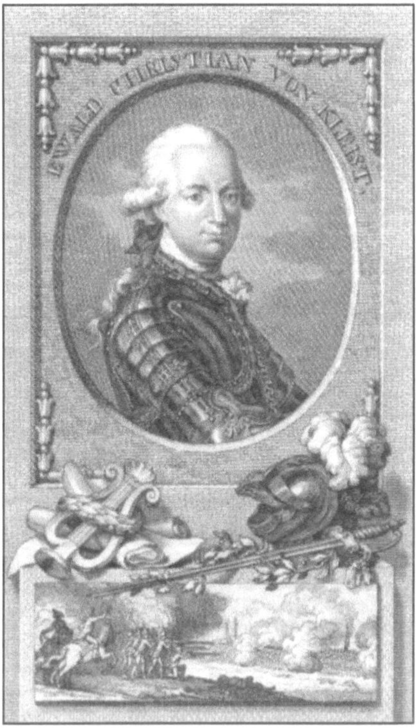

Abb. 11: Clemens Kohl (1754-1807): Ewald Christian von Kleist mit Schlachtszene, Kupferstich, 1789.

Weise für den noch unmündigen Erbprinzen Friedrich Magnus I. (1743–1801) wie später in Weimar Herzogin Anna Amalia (1739–1807) für ihren noch unmündigen Sohn Karl August (1757–1828) von 1758–1775 die Regierungsgeschäfte übernahm.

38 Christian August Clodius: Scipio. Der neuen vermischten Schriften von Christian August Clodius zweyter Theil. Leipzig 1780, S. 103.

„Irr ich nicht, so leuchtet aus diesem kurzen Briefe der Charakter seines Geistes und Herzens hervor. Er kann zugleich als ein Fragment seiner philosophischen Denkart betrachtet werden." [39] Um diese Zeit, am 15. Juni 1759, schrieb Kleist dem jungen Clodius aus Zwickau: *„Wider die Uebersetzung der fürtrefflichen Dame habe ich nichts. Was ich anders haben möchte, sind Kleinigkeiten"*, die er ausführlich in seiner Rezension kritisch anmerkt, um dann fortzufahren: *„Aber warum erinnre ich dergleichen Kleinigkeiten, da das Ganze schön ist? Und ist es nicht zu dreust und zu unhöflich, so sans façon seine Meinung zu sagen? Ich habe sonst keine Neigung zur Unhöflichkeit, aber wenn sie mit Ehrlichkeit in Collission kommt? – Ha! dann bin ich Soldat. Ueberdem wäre es Schade, daß ein Fleckchen in dieser sonst schönen Uebersetzung bliebe, und die Uebersetzerinn muß eine unvergleichliche Dame seyn, die ich adorire."*[40] Damit waren auch auf Seiten des Dichters die Erwartungen hoch gespannt, jene Dame kennenzulernen, *„die zu ihrer Erhohlung (sic!) von ehrwürdigen Pflichten in der Dichtkunst ausruht, und die Früchte einer trefflichen Belesenheit zum Vergnügen einer wißbegierigen Familie sammlet,* [und die sich ausbedungen hatte] *ihren Namen zu verschweigen."*[41]

Kleist selbst berichtet uns enthusiastisch in seinem Brief vom 30. Juni 1759 aus dem Lager bei Hartenstein an seinen Freund Johann Wilhelm Ludwig Gleim (1719–1803) in Halberstadt von dieser ihn nachhaltig beeindruckenden Begegnung, einige Tage nachdem er am *„25. Juni* [...] *von einem Commando,* [...] *an die böhmische Grenze* [...] *zurück-*[gekehrt war: ...][42] *Es wohnt nämlich eine halbe Stunde von unserem*

39 Clodius 1780 (Anm. 38), S. 104.
40 Kleist in einem Brief vom 15. Juni 1759 an Clodius, in: Clodius 1780 (Anm. 38), S. 105-107. Karl Hahn (Anm. 35), S. 85, nimmt an, dass es sich bei der Übersetzerin von Racines Gedicht „Die Religion" um Johanne Eleonore Josephe Gräfin von Solms-Wildenfels (geb. Henckel von Donnersmarck) handelte, *„die unter dem Decknamen Jeanette zur Freude ihrer Kreise ansprechende Gedichte schrieb."* Die handschriftlich überlieferten Gedichte in der ehemaligen Solmschen Bibliothek auf Schloss Wildenfels sind 1945 verloren gegangen.
41 Clodius 1780 (Anm. 38), S. 103-104.
42 Vgl. Hahn 1921 (Anm. 35), S. 85.

Lager, zu Wildenfels, eine Gräfin Solms, die mich durch Jemand ihrer Bekannten in Zwickau, der der meinige auch war[43]*, verschiedenemal zu sich bitten lassen. Ich reisete hin und fand an ihr, ihren Töchtern und noch drei andern Gräfinnen (zwei von Solms und einer Lottom) die unvergleichlichsten Damen von der Welt. (Ich würde dies nicht wichtig genug halten, es Ihnen zu schreiben, wenn es nicht eine große Rarité wäre, Menschen zu treffen. Ich habe diesen Winter auf unsern Balls und Picknicks den ganzen Adel dieser Gegend kennen gelernt, aber Ihnen nichts davon geschrieben; denn ich fand nur Menschengesichter.) Einen Grafen von Reuß aus Grätz*[44] *fand ich auch daselbst (nebst noch ein paar Cavaliers), der der munterste, witzigste, gutherzigste Mann* [über der Zeile: „Herr“] *von der Welt ist, der viel Geschmack und Literatur hat, und vor den ich großen Estime und Freundschaft habe. Ich glaube, daß er mir auch gut ist; denn er hat mich recht sehr zu sich gebeten, und ich werde hinreisen, sobald wir in die Gegend kommen.“*[45] Was war in Wildenfels geschehen, dass der große Melan-

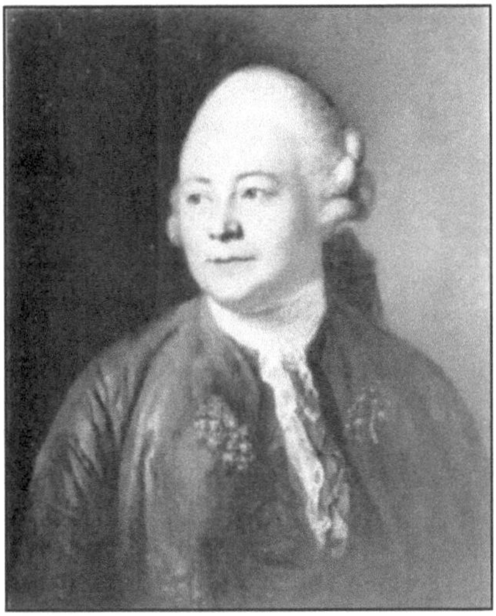

Abb. 12: Anton Graff (1736–1813): Christian August Clodius (Klöde), Öl auf Leinwand, 1769.

---

43 Gemeint ist Christian August Clodius (s. o.), damals Student (baccalarius artium) in Leipzig.

44 Gemeint ist das thüringische Greiz und vermutlich Heinrich XI. (1722–1800) von der Grafschaft Reuß-Obergreiz bzw. seit 1778 Fürstentum Reuß ältere Linie oder Heinrich III. (1701–1768), der letzte Graf der Grafschaft Reuß-Untergreiz IV. Vgl. Detlef Ignasiak: Regenten-Tafeln Thüringischer Fürstenhäuser. Mit einer Einführung in die Geschichte der Dynastien in Thüringen, Jena 1996, S. 185 und 183.

45 Ewald Christian von Kleist im Brief an Gleim vom 30. Juni 1759 im Lager bei Hartenstein. Siehe: August Sauer (Hrsg.): Ewald von Kleist's Werke. Zweiter Theil. Briefe von Kleist, Berlin o. J. (1880), Nr. 319, S. 569-571.

choliker Kleist so *„recht aufgeräumt geworden, mehr als* [er] *in langer Zeit gewesen* [ist]?“[46]

Nach stumpfsinnigem Soldatenleben mit seinem streng reglementierten Tagesablauf[47] und den vielen belanglosen Begegnungen mit Leuten von Stand auf den vom Offizierkorps veranstalteten Assembleen, deren eitle, nichtssagende Konversationen ihn langweilten, war der sich einsam fühlende Melancholiker endlich am Wildenfelser Hof auf eine Reihe von natürlich sich gebenden Menschen getroffen, deren ethischen und intellektuellen Qualitäten ihn faszinierten, weil sie sich ohne Scheu und Verstellung, jenseits aller gekünstelte Konventionen, in ihrem natürlichen Wesen offenbarten. Hier vermochte Kleist an einem schönen Frühsommertag seinen Trübsinn abzulegen und sich im Kreise angenehmer Menschen zu entspannen. Die liebliche Landschaft des Wildenfelser Schlossparks am Herrenteich bot ihm in Verbindung mit den anregenden schöngeistigen Gesprächen mit Gleichgesinnten endlich Erholung vom Soldatenleben. Dabei stieß er nicht nur auf kenntnisreiche Rezipienten seiner literarischen Werke, mit denen er einen fruchtbaren Gedankenaustausch pflegen konnte, sondern ebenso – aufgrund ihres gleichgestimmten Fühlens auch angesichts der Naturschönheiten – auf Seelenfreunde, deren empfindsame Persönlichkeit für Kunst und Natur empfänglich war.

„Gerade in diesen fein differenzierten zwischenmenschlichen Beziehungen feierte die Empfindsamkeit Triumphe. Im Verhältnis der Geschlechter zueinander trat das sinnliche Element zugunsten einer schwärmerischen, unkörperlichen Auffassung von der Liebe mehr und mehr zurück“[48] und wurde durch Seelenfreundschaft und Wahlverwandtschaft ersetzt, bei der sich *„die Seelen* . [...] *auf ewig* [vereinten], *mochten sie auch räumlich getrennt sein. Tränenselige Vollmondnächte bil-*

---

46 Ebenda, S. 570.

47 Vgl. Karl Koberstein: Der Dichter des Frühlings, in: Paul Lindau (Hrsg.): Nord und Süd. Eine deutsche Monatsschrift. Breslau 1881, S. 48-66, bes. S. 48-49.

48 Krüger 1972 (Anm. 11), S. 94.

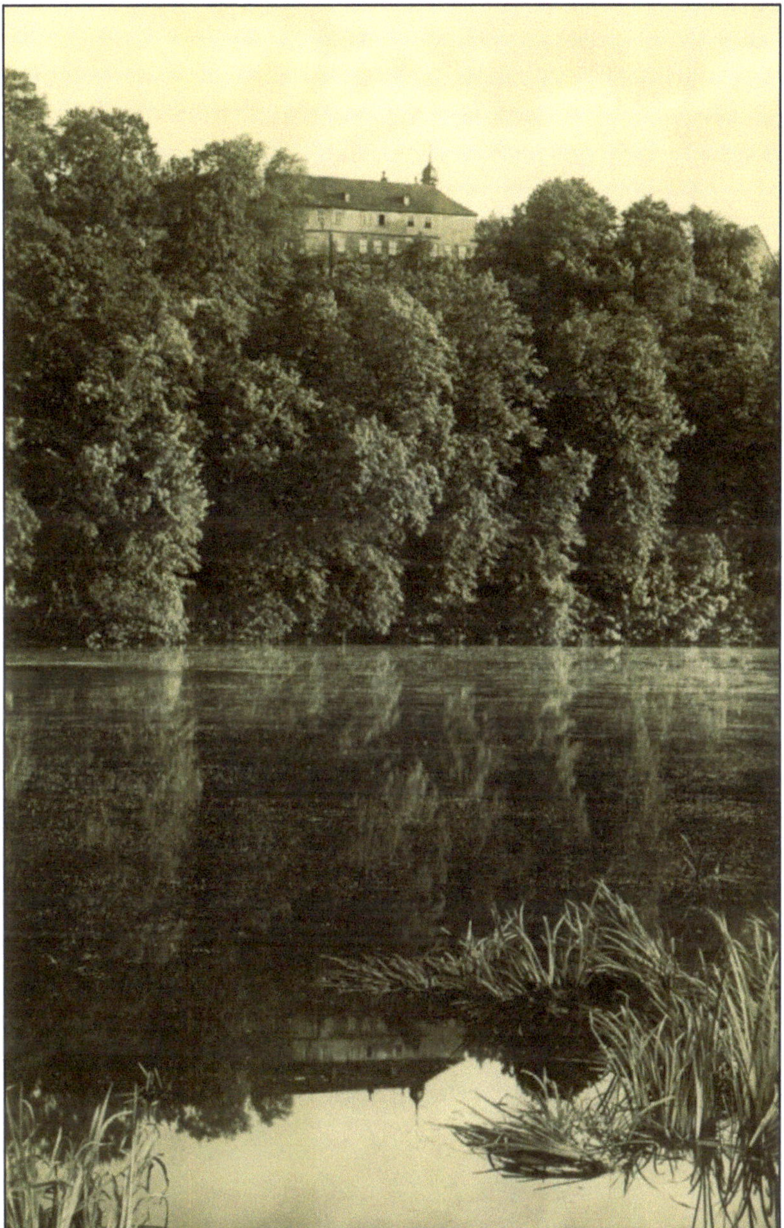

Abb. 13: Franz Landgraf: Wildenfels i. Erzgebirge, Schlosspark, Ansichtskarte, 1930.

deten [dafür in der Regel] *den angemessenen Hintergrund."*[49]
So letztendlich auch bei der *Wildenfelser Idylle*, die in einer Bootsfahrt auf dem Herrenteich gipfelte, *„als auf der kleinen Insel desselben bei prachtvollem Sonnenuntergange eine der jungen Gräfinnen mit feinem Empfinden Kleists Fischeridylle Irin vorlas,* [wobei] *alle Zuhörer zu Tränen gerührt* [wurden]".[50] Damit bildete die idyllische Bootsfahrt zu *„der kleinen Insel des prächtigen Teiches"*[51] eine Parallele zu jener berühmten Bootsfahrt, die Friedrich Gottlieb Klopstock (1724–1803) schon neun Jahre früher, am 30. Juni 1750, auf dem Zürichsee erlebt hatte.[52] Kleists Zürcher Freund, der Schriftsteller und Philosophen Hans Kaspar Hirzel (1725–1803), war Organisator dieser Lustfahrt gewesen und hatte ihm schon kurz danach von diesem spektakulären Ereignis detailreich berichtet.[53]
Im Ergebnis dieser Lustfahrt hatte Klopstock seine berühmt gewordene Ode *Von der Fahrt auf dem Zürchersee* verfasst, wo er dem eindrucksvollen Erlebnis in der schönen Umgebung im Besonderen wie dem Freundschaftskult des empfindsamen Zeitalters im Allgemeinen ein literarisches Denkmal setzte. Dort heißt es in einigen Strophen:

„Schön ist, Mutter Natur, deiner Schöpfung Pracht,
Auf die Fluren verstreut, schöner ein froh Gesicht,
Das den großen GedankenDeiner Schöpfung noch einmal denkt.
[...]

»Hallers Doris,« die sang, selber des Liedes werth,
Hirzels Daphne, den Kleist innig wie Gleimen liebt;
Und wir Jünglinge sangen Und empfanden wie Hagedorn.

---

49 Krüger 1972 (Anm. 11), S. 95.
50 Hahn 1921 (Anm. 35), S. 88.
51 Clodius 1780 (Anm. 38), S. 101.
52 J. C. Mörikofer: Klopstock in Zürich im Jahre 1750–1751. Zürich, Frauenfeld 1851, bes. S. 52-84.
53 (Hans Kaspar) Hirzel: Die Lustfahrt auf dem Zürcher-See, mit Klopstock den 30.Jun. 1750, in: Helvetischer Calender fürs Jahr 1796. Zürich 1796, S. 77-95.

Jetzo nahm uns die Au in die beschattenden
Kühlen Arme des Walds, welche die Insel krönt;
Da, da kamest du, Freude, Vollen Maßes auf uns herab!

Göttin Freude, du selbst! dich, wir empfanden dich!
Ja, du warest es selbst, Schwester der Menschlichkeit,
Deine Unschuld Gespielin, Die sich über uns ganz ergoß!
[...]
Aber süßer ist noch, schöner und reizender,
In dem Arme des Freunds wissend, ein Freund zu sein,
So das Leben genießen, Nicht unwürdig der Ewigkeit!

Treuer Zärtlichkeit voll, in den Umschattungen,
In den Lüften des Walds, und mit gesenktem Blick
Auf die silberne Welle
That ich schweigend den frommen Wunsch:

Wäret ihr auch bei uns, die ihr mich ferne liebt,
In des Vaterlands Schooß einsam von mir verstreut,
Die in seligen Stunden Meine suchende Seele fand:

O, so bauten wir hier Hütten der Freundschaft uns!
Ewig wohnten wir hier, ewig! Der Schattenwald
Wandelt' uns sich in Tempe, Jenes Thal in Elysium!"[54]

Die Verse hinterließen in nachfolgender Zeit ein lang anhaltendes Echo in den Künsten. Sie setzten nicht allein der *„jungen Dichtergeneration einen neuen Maßstab für empfindsame Naturpoesie"* [55], sondern wirkten selbst inspirierend auf die bildenden Künste. Johann Caspar Füßli d. Ä. (1706–1782) schuf zum Beispiel, nachdem er *Kleists Bild-*

---

54 Aus: Friedrich Gottlob Klopstock: Der Zürchersee, zitiert nach: Mörikofer 1851 (Anm. 52), S. 79-82.

55 Martin Bircher: Freunde in der Schweiz und in Deutschland, in: Herzog August Bibliothek Wolfenbüttel (Hrsg.): Maler und Dichter der Idylle. Salomon Gessner 1730–1788, Wolfenbüttel 1982 (2. Aufl.), S. 32.

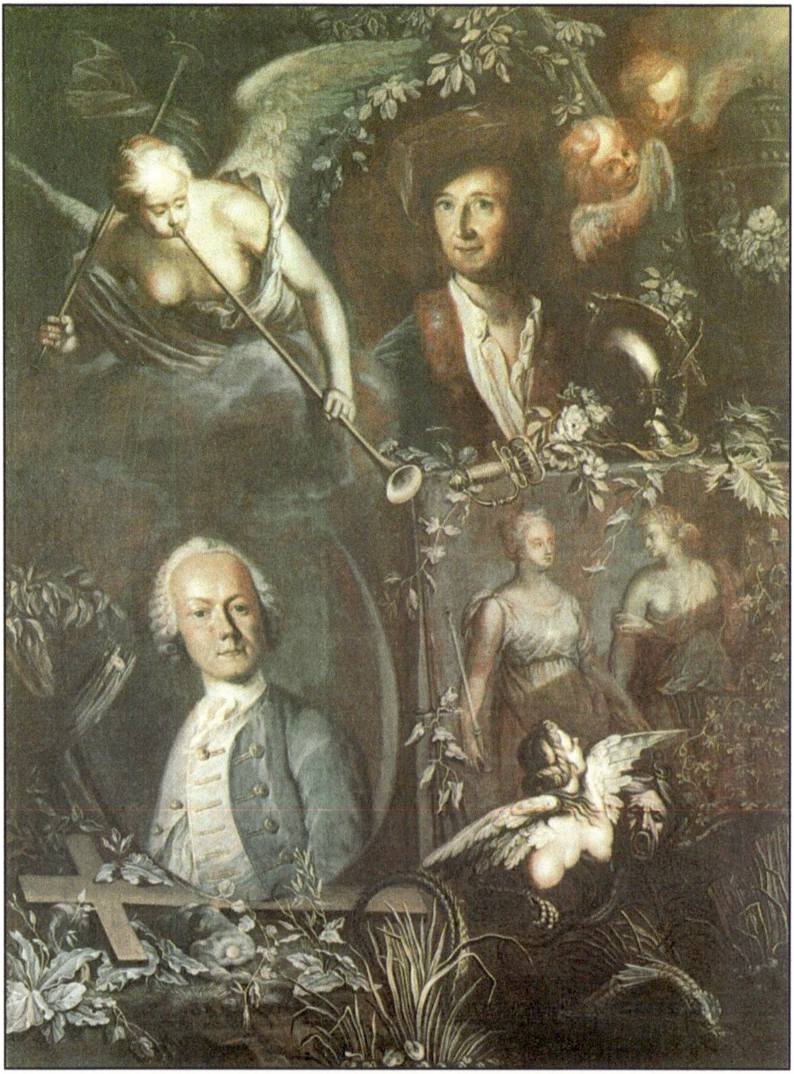

Abb. 14: Johann Caspar Füssli (1706–1782):
Allegorie mit den Bildnissen von Klopstock und Ewald von Kleist,
Öl auf Leinwand, um 1753.

nis[56] während dessen Zürcher Aufenthalts 1752/53 gemalt hatte – als der Dichter als preußischer Werbeoffizier in der Schweiz weilte und bei dieser Gelegenheit Johann Jakob Bodmer (1698–1783) und seine schon aus Potsdam und Berlin bekannten Freunde Hans Kaspar Hirzel und Salomon Gessner (1730–1788) besuchte – die *Allegorie eines Freundschaftsbildes mit den Bildnissen Ewald von Kleists und Friedrich Gottlieb Klopstocks* (siehe Abb. 14). Mit diesem Ehrenbild für die beiden in der *„Zürcher Literaturszene* [des] *18. Jahrhunderts wichtigsten deutschen Dichter"*[57] gestaltete er ein bildkünstlerisches Monument, das noch in barocker Bildmetaphorik[58] zahlreiche Anspielungen auf deren Leben und Werk vorstellt. So wird hier Klopstock als Schöpfer des *Messias* gefeiert und Kleist als der Autor des Gedichts *Der Frühling* vorgestellt, das, genau wie Klopstocks *Zürichsee, „ein Musterbeispiel beschreibender Poesie* [ist, die] *im Buch der Natur zum Lob des Schöpfers, der Freude und der Menschlichkeit"*[59] zu lesen versteht; ein Anliegen, das Intellektuellen des Zeitalters der Empfindsamkeit sehr am Herzen lag.

Ein weiteres Bildwerk, das auf Klopstocks Ode *Zürichsee* Bezug nimmt, malte Füßlis Sohn Johann Heinrich (1742–1825) ebenfalls als ein Freundschaftsbild[60] während seines Aufenthalts bei Johann Joa-

---

56 Johann Caspar Füssli (1706–1782): Bildnis Ewald von Kleist, um 1753, Öl/Lw., 49 x 42 cm, Kunsthaus Zürich, Inv.-Nr. 174, vgl. Zürcher Kunstgesellschaft (Hrsg.): Kunsthaus Zürich. Gesamtkatalog der Gemälde und Skulpturen, Zürich 2007, S. 53.

57 Bircher 1982 (Anm. 55), S. 32.

58 Das Kreuz vor dem Porträt Klopstocks weist auf ihn als Dichter des *Messias.* Rechts daneben als Bild im Bild die Allegorie des Maßes und der Tugend, vor dem Fama, die Personifikation des Ruhms, das hohe Ansehen der beiden Geistesheroen mit Posaunenschall verkündet und damit zugleich die bösen Mächte – Harpyie, Gorgo und Drache – vertreibt. Über Kleist, der mit Helm und Degen als preußischer Offizier ausgewiesen wird, schweben zwei Cherubim, die als Wächter des Paradieses dessen bis in die Ewigkeit dauernde Bedeutung versinnbildlichen.

59 Bircher 1982 (Anm. 55), S. 33.

60 Füßlis Grisaillegemälde, das als Vorlage für den Kupferstich von Eberhard Siegfried Henne diente, ist verschollen. Vgl. Gerd-Helge Vogel: Aufklärung in Barth, Kiel 2014, S. 55-56 (mit ausführlicher Bibliographie).

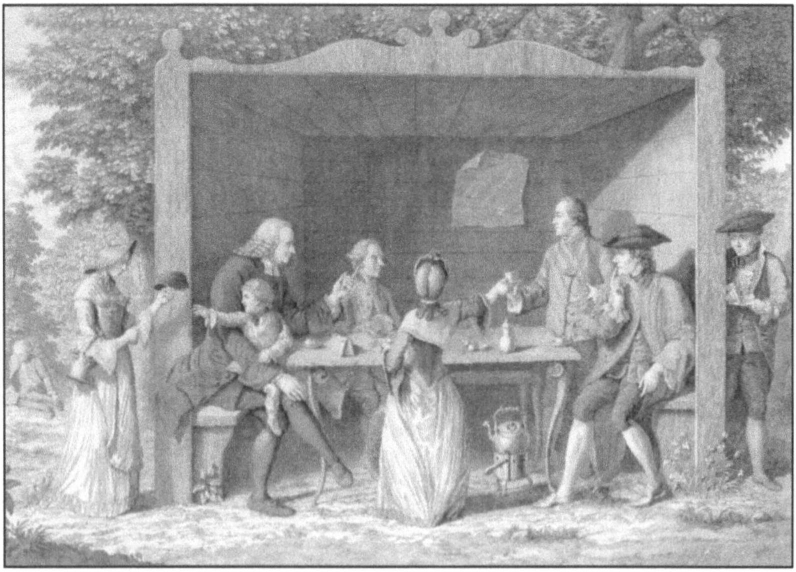

Abb. 15: Eberhard Siegfried Henne (1759–1828) nach Johann Heinrich Füßli (1741-1825); J. Casp. Lavater, Felix Hess und Heinrich Füessli bey Spalding in Barth in Schwedisch-Pommern im Jahr 1763, Kupferstich 1810.

chim Spalding (1714–1804) 1763 in Barth in Schwedisch-Pommern (siehe Abb. 15). Spalding, der Verfasser der theologisch-philosophischen *Betrachtung über die Bestimmung des Menschen* galt seinerzeit als populärer Aufklärungstheologe, der mit diesem Bestseller genau den Lebensnerv seiner Zeit getroffen hatte. Aufgrund seiner Redlichkeit wählten die drei aus Zürich geflohenen jungen Theologiestudenten und Freunde Johann Caspar Lavater (1741–1801), Felix Hess (1742–1768) und Heinrich Füßli das Haus des Theologen als ihr vorübergehendes Ziel, hatten Sie doch ihre Vaterstadt Zürich verlassen müssen, weil ihr Gerechtigkeitssinn und Rechtsglaube einen Korruptionsfall der Mächtigen enthüllt hatte, durch den auf die Zürcher Regierung ein schlechtes Licht gefallen war. So kamen sie im Frühjahr des Jahres 1763 ins Haus ihres Mentors Spalding, in dessen Gartenlaube sie sich fast täglich zum geistreichen Disput versammelten, um in der Tradition der platonischen Akademie die Dinge der Religion, der Wissenschaften, der Literatur und Künste sowie des politischen

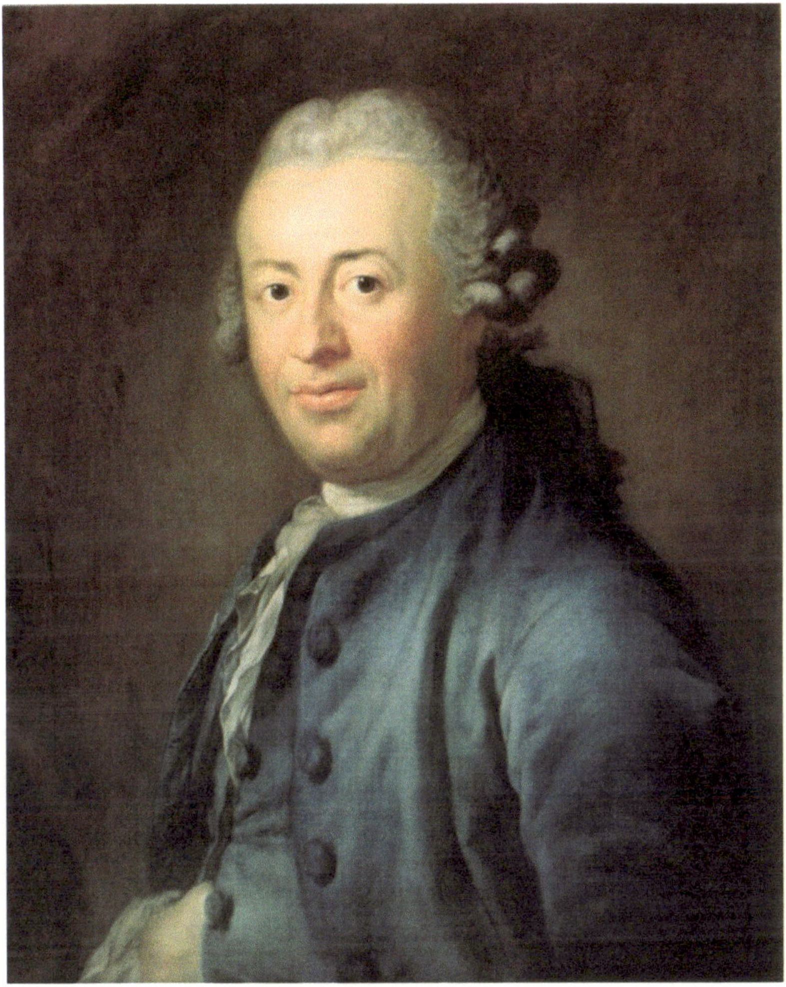

Abb. 16: Anton Graff:
Hüftstück Salomon Gessners (1730-1788) im Alter von 35 Jahren,
Öl auf Leinwand, 1765/66.

Alltags in ihrem komplexen Kontext zur Sprache zu bringen und daraus schöpferische Anregungen für ihre eigene geistige Betätigung zu beziehen. Auf der Rückwand dieser Gartenlaube hatten die Zürcher Gäste die Abschrift der beiden letzten Strophen von Klopstocks *Zürichsee-Ode* geheftet, so dass sie zum einen an ihre Heimat erinnert wurden, aus der sie unfreiwillig hatten fliehen müssen, zum anderen beschworen sie damit *„die Hütte der Freundschaft"*, die sie sich unter Spaldings Aufsicht für einige Monate hatten errichten können!

Salomon Gessner (siehe Abb. 16), ein weiterer Zürcher Freund Kleists, der selbst nicht an dieser kleinen Seefahrt teilgenommen hatte, war offenkundig von den Erzählungen darüber so beeindruckt, dass er später das Thema – die Flucht mit dem Boot in eine Wunschwelt des Glücks – in einigen seiner literarischen und bildkünstlerischen Idyllen weiterverarbeitet hatte (siehe Abb. 17 und 18). Er übernahm das Sujet der Überfahrt zu einem anheimelnden Eiland sorglosen Daseins und verlieh so der alten menschlichen Sehnsucht nach Glück, Geborgenheit und Gegenliebe einen bildkünstlerischen Ausdruck im Gewand des empfindsamen Klassizismus, der viel gemein hatte mit der Situation, wie sie Kleist Ende Juni 1759 in der *Wildenfelser Idylle* erlebt hatte, nur dass sie in Gessners Darstellung nun ganz in die antike Wunschwelt Arkadiens versetzt wurde, um den damit verbundenen Lebenstraum ins überzeitlich Ideale zu versetzen. Neben der realen Erzählung der Begebenheiten, wie sie Hirzel und Klopstock widerfuhr, wirkt hier die Kenntnis der Idyllen Theokrits nach, die auf Gessers Schaffen zurückwirkten. *Der erste Schiffer* (1762), ein kleines Gedicht, zu dem er zwei schlichte Vignetten schuf, thematisiert das Grundthema bukolischer Lyrik, das Streben des jugendlichen Liebhabers zu seiner Geliebten, die jenseits eines Gewässers lebt und deshalb die Erfindung eines Bootes als Prototyp zukünftiger Fahrzeuge für Lustreisen möglich macht, obgleich ein Schuss Ironie in dieser Themenfindung nicht ausgespart bleibt und er damit den Topos arkadischen Schäferlebens in seiner arglosen Simplizität als zeitgenössi-

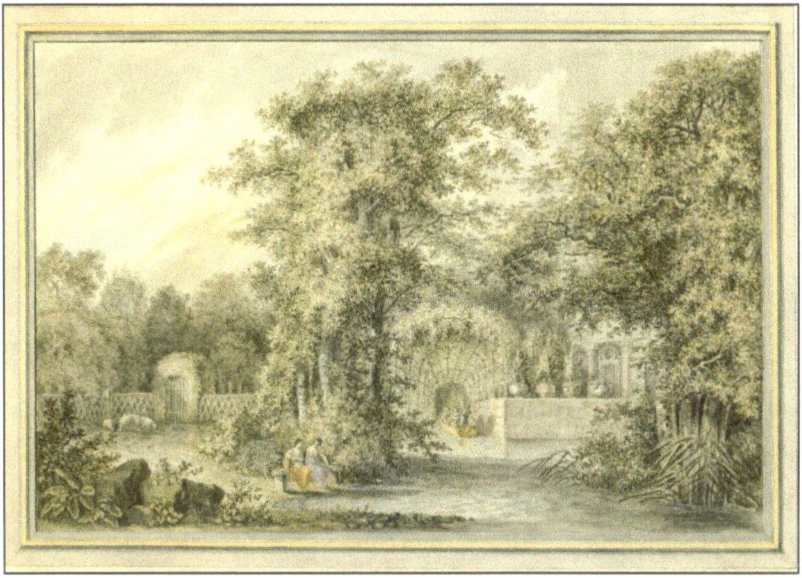

Abb. 17: Salomon Gessner (1730-1788): Die Wasserfahrt, 1775,
Feder in Schwarz und Aquarell auf Papier, 1775.

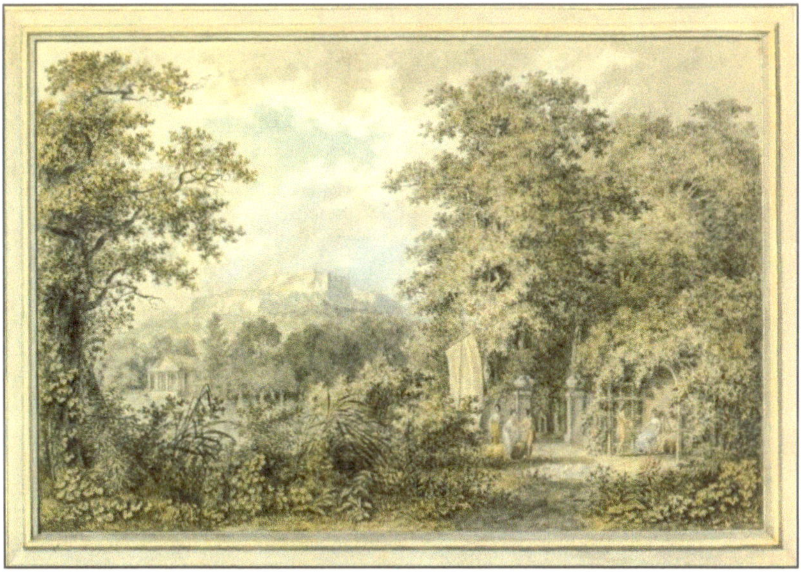

Abb. 18: Salomon Gessner (1730-1788): Das ländliche Fest, 1775,
Feder in Schwarz und Aquarell auf Papier.

sches Leitbild für Gesellschaftsprojektionen durchaus kritisch zu hinterfragen beginnt, inwieweit diese Form der Zivilisationskritik tatsächlich für die Bewältigung des Alltags taugt oder ob sie sich nur als eine schöne, unerfüllbare Projektion auf erhoffte menschliche Glückserfüllung im ungezwungenen Umgang mit Mitmensch und Natur erweist, wie sie lediglich im Reich der Sehnsucht und Träume ihre Berechtigung hat?[61]

Schon in der Zeit der Renaissance erfreuten sich solche und ähnliche bukolische Szenen in ihrer mehr oder minder deutlichen erotischen Konnotation außerordentlicher Beliebtheit, nachdem Giorgione (1478–1510) mit seinem Gemälde *Ländliches Konzert* (Concert Champêtre) die moderne Bildgattung der *Fêtes galantes* kreiert hatte, mit der die Erinnerung an das Hirtenleben – die *Pastorale* – im Goldenen Zeitalter heraufbeschworen wird, in dem der Mensch in völliger Eintracht mit Seinesgleichen und in Harmonie mit der Natur glücklich und zufrieden in einen Landschaft von anmutiger Schönheit lebt. Hatte Antoine Watteau (1684–1721) diese Thematik im Zeitalter des Rokoko ganz auf die höfische Galanterie des Strebens erotischer Genüsse (und ihrer notwendig daraus resultierenden Enttäuschungen) reduziert, wie sie in den beiden Fassungen *Der Überfahrt zur Liebesinsel Cythère* ihren künstlerischen Höhepunkt fanden, erlebte diese Bildgattung der Idylle dann unter Gessner eine völlig neue Ausdrucksform, die sich voll und ganz bürgerlichem Empfinden und Sittlichkeitsgefühl verpflichtet fühlte. Dementsprechend suchte die bürgerliche Idylle jegliche Frivolität zu vermeiden, zumindest aber zu kaschieren, stand doch nicht die irdische, körperliche Liebe im Focus des Gefühlslebens, sondern die himmlische Liebe einer freundschaftlichen Seelengemeinschaft! Dem Wildenfelser Hof war diese Denkweise nicht fremd, die während Ewald von Kleists Aufenthalt an diesem Ort

61 Vgl. Annett Lütteken: Distanz durch Nähe – Goethe (v)erkennt Gessner, in: Bernhard von Waldkirch (Hrsg.): Idyllen in gesperrter Landschaft. Zeichnungen und Gouachen von Salomon Gessner, Zürich, München 2010, S. 191-203 und Anm. 61, hier bes. S. 194.

ihre erste Sublimierung fand, als *„auf der kleinen Insel des prächtigen Teiches* [Kleists *Irin*] *mit aller Empfindung eines gerührten Herzens, diese theokritische Idylle* [auf reizende Weise vorgelesen wurde]*“*[62], die bezeichnenderweise eine ähnliche Situation einer abendlichen Bootsfahrt ins Bild setzte, wie sie die kleine Mannschaft auf ihrer Gondelfahrt über den Herrenteich gerade selbst erlebte:

„An einem schönen Abend fuhr
Irin mit seinem Sohn, im Kahn,
Aufs Meer, um Reusen in den Schilf
Zu legen, der ringsum den Strand
Von nahen Eilanden umgab.

Die Sonne tauchte sie bereits
Ins Meer, und Fluth und Himmel schien
Im Feur zu glühen. O wie schön
Ist jetzt die Gegend! sagt entzückt
Der Knabe, den Irin gelehrt,
Auf jede Schönheit der Natur
Zu merken. Sieh! sagt er, den Schwan,
Umringt von seiner frohen Brut,
Sich in den rothen Wiederschein
Des Himmels tauchen! Sieh! er schifft,
zieht rothe Furchen in die Fluth
Und spannt des Fittigs Segel auf. –
Wie lieblich flüstert dort im Hayn
Der schlanken Espen furchtsam Laub
Am Ufer, und wie reizend fließt
Die Saat in grünen Wellen fort,
Und rauscht vom Winde sanft bewegt. –
O, was für Anmuth haucht anjetzt
Gestad und Meer und Himmel aus!
Wie schön ist alles! Und wie froh
Und glücklich, und du wirst durch sie
Glückseelig seyn dein Lebelang,
Wenn du dabey rechtschaffen bist,
Wenn wilde Leidenschaften nicht

---

62 Clodius 1780, Theil 2, (Anm. 38), S. 100-101.

Von sanfter Schönheit das Gefühl
Verhindern. O Geliebtester!
Ich werde nun in kurzem dich
Verlassen, und die schöne Welt,
Und noch in schönern Gegenden
Den Lob der Redlichkeit empfahn.

O, bleib der Tugend immer treu,
Und weine mit den Weinenden,
Und gieb von deinen Vorrath gern
Den Armen! Hilf so viel du kannst,
Zum Wohl der Welt! Sey arbeitsam,
Erheb zum Herren der Natur,
Dem Wind und Meer gehorsam ist,
Der alles lenkt zum Wohl der Welt,
Den Geist! Wähl lieber Schand und Tod,
Eh du in Bosheit willigest.

Ehr, Überfluß und Pracht ist Tand;
Ein ruhig Herz ist unser Theil. - [...]

Diese in den Worten des Fischers Irin an seinen Sohn zum Ausdruck gebrachte Ethik der tugendsamen Menschenliebe fand in der kleinen illustren Gesellschaft des Wildenfelser Hofes[63] eine starke Resonanz, die für den Rest des 18. Jahrhunderts reichlich Früchte trug. Diese ka-

---

63 Die Personen, die neben Ewald von Kleist an der Wildenfelser Idylle teilhatten, sind nicht eindeutig archivalisch überliefert. Karl Hahn nahm dafür neben der Gräfinmutter Albertine Charlotte von Solms geb. von Bylandt-Palsterkamp, zwei von deren erwachsenen Töchtern, eine Gräfin von Lottom sowie zwei weitere Gräfinnen Solms an. Letztere waren Schwägerinnen der Schlossherrin, von denen es sich bei der einen mutmaßlich um die als Dichterin in Erscheinung getretene Jeanette, Gemahlin des kursächsischen Generalleutnants Friedrich Christoph Graf von Solms-Wildenfels und bei der anderen um die nicht verehelichte Sophie Charlotte Gräfin von Solms-Wildenfels gehandelt haben dürfte. Bei dem weiterhin anwesenden Grafen von Reuß aus Greiz scheint es sich um Heinrich II. Graf von Reuß von Obergreiz gehandelt zu haben. Vgl. Graf zu Solms-Laubach: Geschichte des Grafen- und Fürstenhauses Solms, Frankfurt a. Main 1865. Erbprinz Friedrich Magnus I. wird wahrscheinlich nicht die Wildenfelser Idylle persönlich miterlebt haben, denn er besuchte 1759 das Königliche Pädagogium in Halle an der Saale, eine Hochburg pietistischer Erziehung in Deutschland. Vgl. Hahn 1921, (Anm. 35), S. 86-87.

men unter der Herrschaft von Friedrich Magnus I. Graf zu Solms-Wildenfels mit der 1780 erfolgten Berufung des Christian Leberecht Vogel zur vollen Reife, als der geglückte Versuch unternommen wurde, aus Wildenfels ein kleines Tusculum zu schaffen, wie es die Zeitgenossen anerkennend titulierten[64] und wie es u. a. Gessner immer wieder in zahlreichen Gouachen, Stichen und Zeichnungen als Ideale Landschaft dargestellt hatte. Die so bezeichnete Villa des römischen Staatsmanns und Philosophen Cicero (106–43 v. Chr.) im Albanergebirge in der Nähe Frascatis gilt sprichwörtlich als Synonym für einen behaglichen Wohnsitz[65], der nicht allein den Annehmlichkeiten des Hauses und seiner schönen landschaftlichen Umgebung Aufmerksamkeit zollt, sondern auch dem Lebenswandel, der auf Harmonie und Ausgleich gerichtet ist. In Ciceros auf entspannenden Ausgleich gerichteter Philosophie spielen die *„Fragen nach dem glücklichen Leben, dem Alter, den Tod und den moralischen Pflichten"*[66] eine außerordentlich große Rolle und prägten Haltung und soziales Selbstverständnis des am Wildenfelser Hofe herrschenden soziokulturellen Klimas. In der Zeit der Herrschaft Friedrich Magnus I. (1743–1801), von 1764 bis 1801, wirkte neben dem über die Mutter vermittelten Einfluss Ewald von Kleists und dessen intellektuellen Freunde jene während des Studiums an der Leipziger Alma mater gemachten Erfahrungen fort, die er vor allem unter dem dort unterrichtenden Christian Fürchtegott Gellert (1715–1769) gemacht hatte. Daneben fungierte der als Vormund für den früh verstorbenen Vater eingesetzte Onkel Friedrich Ludwig Reichsgraf zu Solms-Tecklenburg (1708–

---

64 Vgl. Vogel (Christian Leberecht), Stichwort in: H. H. Füßli: Allgemeines Künstlerlexikon, II/10Brockhaus, S. 4021-4022, hier: S. 4022, vgl. (Anm. 7).

65 Vgl. Meyers Neues Lexikon. Zweite, völlig neu erarbeitete Auflage in achtzehn Bänden, Band 14, Tribu-Walth, Leipzig 1976, S. 121, Stichwort: Tusculum. Die Stadt im Albanergebirge wurde der Sage nach von Telegonus, dem Sohn des Ulixes und der Circe erbaut, der seinen Vater erschlug, ohne ihn gekannt zu haben.

66 Enzyklopädie der Philosophie. Von der Antike bis zur Gegenwart. Denker und Philosophen, Begriffe und Probleme, Theorien und Schulen, Augsburg 1992, S. 74, Stichwort: Cicero, Marcus Tullius.

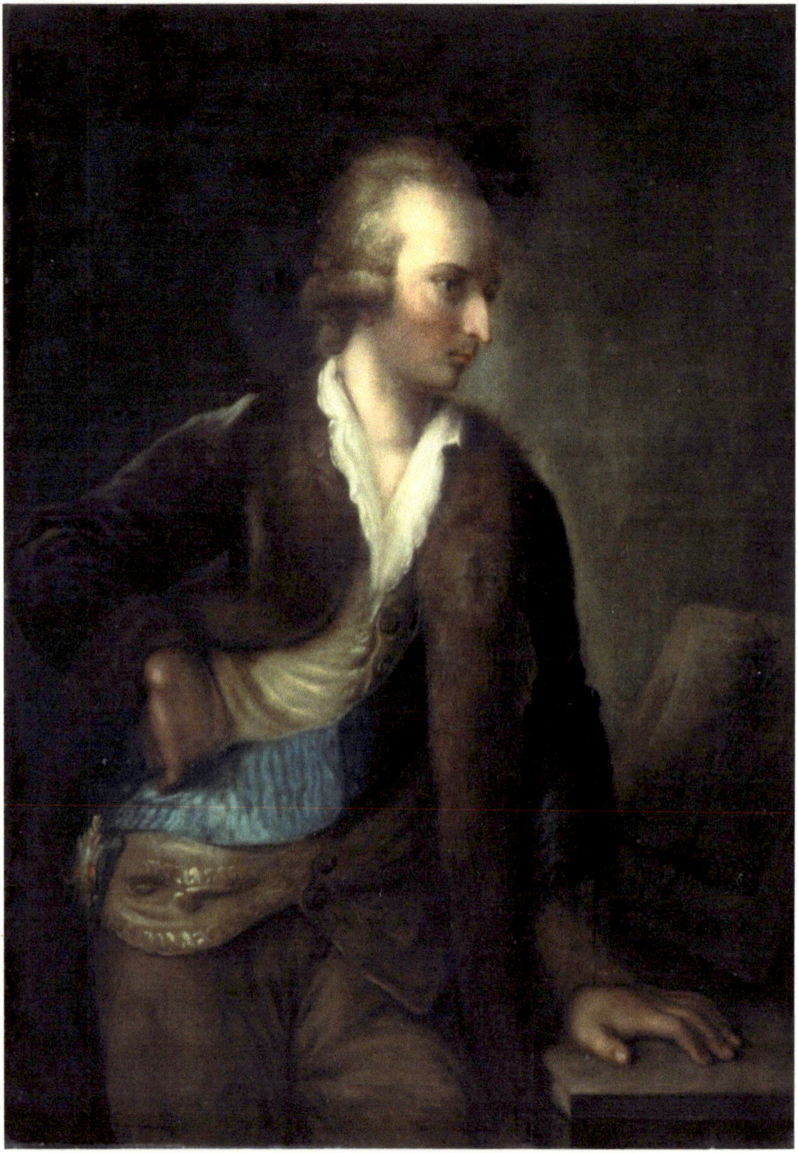

Abb. 19: Christian Leberecht Vogel (1759-1816):
Porträt des Friedrich Magnus I. Graf zu Solms-Wildenfels,
Öl auf Leinwand.

1789), der sich als praktizierender Freimaurer und Übersetzer der Werke des Horaz (65 v. Chr.–8 v. Chr.)[67] wichtige Verdienste zur Humanisierung der Adelsgesellschaft erworben hatte, persönlichkeitsbildend auf den jungen Grafen, der die Hochburgen des Pietismus – das Frankesche Stift in Halle und die Universität Helmstedt – erfolgreich absolviert hatte. Doch für die ästhetische Geschmacksbildung von Friedrich Magnus I. zeichnete vor allem anfangs Adam Friedrich Oeser (1717–1719) verantwortlich[68], der dann seit 1780 durch Christian Leberecht Vogel ersetzt wurde, der ganz ähnliche Positionen des empfindsamen Klassizismus wie der Leipziger Akademiedirektor vertrat. Damit kam der junge Wildenfelser Graf mit den führenden Köpfen der aufklärerischen Eliten seiner Zeit in Deutschland und der Schweiz direkt und indirekt in Berührung, was zur Festigung seiner fortschrittlichen humanistischen Überzeugungen beitrug. Sie zeichneten sich durch die Ideale pietistischer Nächstenliebe, edle und gute Handlungsweise nach freimaurerischem Ethos, der breiten Vermittlung von Wissen zur Bekämpfung des Aberglaubens sowie durch fehlenden Standesdünkel aus, der auf eine grundlegende Egalisierung der Stände gerichtet war und damit grundsätzlichen bürgerlichen Idealen im höfischen Leben zum Durchbruch verhalf.

67 Vgl.: [Friedrich Ludwig Graf zu Solms und Tecklenburg]: Uebersetzung der Oden des Horaz. Erstes bis Fünftes Buch, Braunschweig 1756–1760; - vgl. [Johann Gottfried Reussmann]: Lebensbeschreibung des Heiligen Römischen Reichs Grafen Friedrich Ludwig v. Solms. zu Tecklenburg. Leipzig 1795; - Friedrich Ludwig Graf von Solms-Sachsenfeld, Rede von der [sic!] Verhältniß der Freymäurerey gegen den Staat, welche am Johannis-Tage 1745 in der gerechten und vollkommenen Versammlung zu denen drey Rosen gehalten worden von dem Bruder Redner, o. O. [Halle: Renger], 1746.

68 Vgl. Hahn 1921 (Anm. 35).

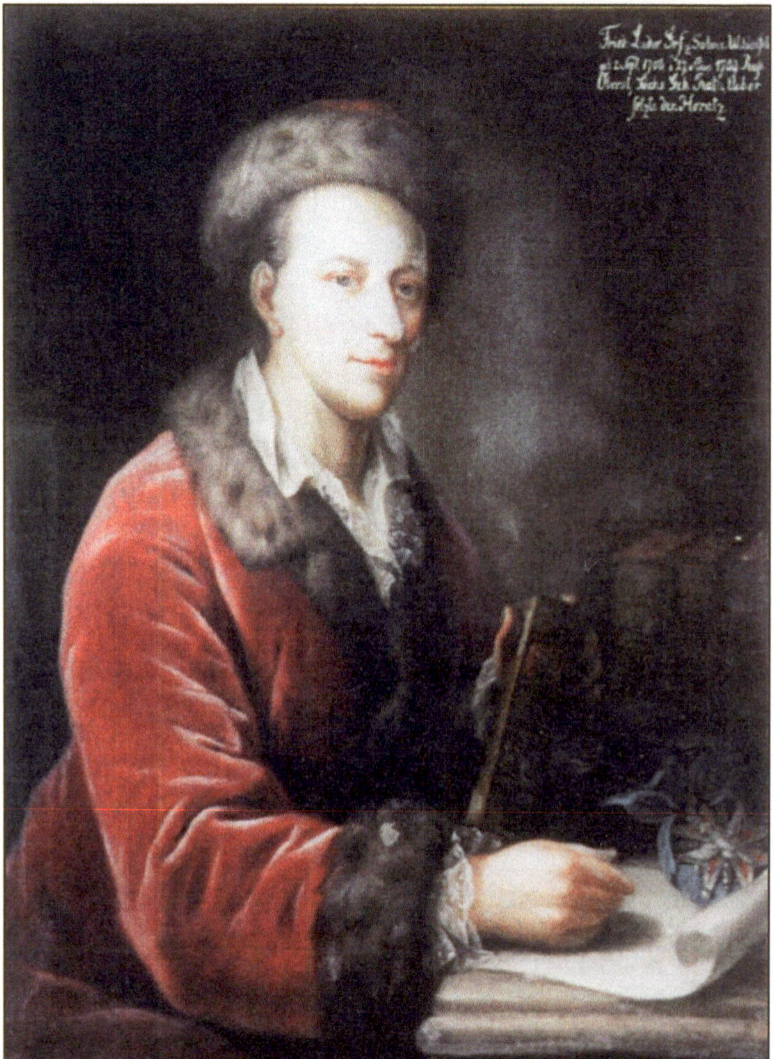

Abb. 20: Adam Friedrich Oeser (1717-1799): Bildnis
Friedrich Ludwig Reichsgraf zu Solms-Sachsenfeld und Tecklenburg,
Öl auf Leinwand, 1741.

Christian Leberecht Vogels arkadische Idyllen

Das Frühwerk Christian Leberecht Vogels ist durchzogen von der Auseinandersetzung mit der empfindsamen Idylle, wie er sie von Gessner, Oeser, von seinem Lehrer Schenau, aber auch über die zeitgenössische Kunsttheorie übermittelt bekam. So empfahl bereits 1762 der Radierer und spätere Generaldirektor aller sächsischen Kunstakademien, Christian Ludwig von Hagedorn (1713–1780), in seinen *Betrachtungen über die Mahlerei* bei der *„vorzügliche*[n] *Wahl der schönen Natur in Gegenständen der Mahlerei und der Dichtkunst* [...] *die Faunen, und die Dryaden und das rege Gefolge der Göttin der Jagd* [...] *dem Dichter nicht allein* [zu überlassen, sondern] *damit seine Landschaften, die er, wie Geßner seinen Daphnis und seine Idyllen, aus der schönsten Natur und aus den unschuldsvollsten Zeiten wählet und zusammensetzet* [damit zu bevölkern]. *Zuweilen zeigen sich in andern Landgegenden Tempel, Pranggefässe und Bildsäulen der Alten, als Zierrathe der bewohnten Erde.“*[69] Vogel, der begabte und ambitionierte Schüler des mit Giovanni Battista Casanova (1730–1795) alternierenden Direktors der Dresdner Akademie, Johann Eleazars Zeissig, genannt Schenau (1737–1806), der – genau wie sein Lehrer – das Historienfach als anspruchsvollste Kunstgattung in der Rangfolge der Künste zu seinem eigentlichen Metier erwählte, befolgte genau jenen Rat Hagedorns, denn *„sein erstes Bild bei Schenau, das er, 17 Jahre alt, in Öl malte, war eine schlafende Nymphe. Der Lehrmeister kaufte es ihm für 12 Dukaten ab.“*[70] Der Erfolg, den Vogel mit dieser *Schlafenden Nymphe von einem Faun überrascht* erzielte, trug nach der Anzeige Schönaus dem *„junge*[n] *Vogel* [, der] *einer verlockung* (sic!) *nach Wien ausgesetzt sey* [...] eine Pension in Höhe von 30 Talern als Anfangs-

---

69 Christian Ludwig von Hagedorn: Betrachtungen über die Mahlerei. Erster Theil. Leipzig 1762, S. 38 (Reprint Hildesheim, Zürich, New York 1997).

70 Vogel (Christian Leberecht), Stichwort in: Conversations-Lexikon Neue Folge (In zwei Bänden). Zweite Abtheilung des zweiten Bandes oder des Hauptwerkes zwölften Bandes zweite Hälfte S-Z. Leipzig, F. A. Brockhaus 1820, S. 484.

gehalt mit] *eine* [r] *jährliche*[n] *aber jedes Mal Stufen weise steigente Aufmunterung der Leistung dieses geschicktesten jungen Mahlers*"[71] ein, mit der Folge, dass er seine weitere Karriere als Historien- und Porträtmaler vor allem Schenau verdankte. Noch zu Lebzeiten Vogels war in Heinrich Kellers *Nachrichten von allen in Dresden lebenden Künstlern* zu lesen:

> *„Man kann mit Recht von ihm sagen, daß er ein geborner Künstler sey. Schon in seiner frühesten Jugend zeigte sich sein großes Kunstgenie. Als Kind von acht Jahren, ehe er die geringste Anweisung erhalten hatte, verfertigte er bereits eine Zeichnung, worauf man seine ganze Familie vorgestellt sah; eine Gruppe, welche gewiß alle Aufmerksamkeit verdient, da nicht nur die darauf vorgestellten Personen getroffen, sondern auch durch verschiedene Handlungen charakterisirt waren. Der junge Künstler hatte das Glück, dem Hrn. von Hagedorn, damaligen Generaldirektor, bekannt zu werden, und durch ihn ward er dem Hrn. Prof. Schenau empfohlen, welcher sich nun alle Mühe gab, diese seltene und schäzbare Talente auszubilden. Schenau's Unterricht und Kunstbibliothek bildete ihn zugleich zum gelehrten Künstler, wobey er auch Privatvorlesungen, nächst den allgemeinen Casanovischen, über Anatomie und Architektur halten ließ, in soferne sie dem Historienmaler erforderlich sind. Zugleich zeichnete er sehr fleißig nach dem akademischen Modelle, und verband mit seinem Studium der Mythologie das Zeichnen nach den bekannten Antiken in der Churfürstl. berühmten Antikensammlung. Ferner arbeitete er, unter Anleitung seines Lehrers, nach den Gemälden der größten Künstler auf der hiesigen Churfürstl. Gallerie.“*[72]

Das von Schenau erworbene, in Öl gemalte Frühwerk der *Schlafende Nymphe, von Faun überrascht* ist leider verschollen, doch wurde die Komposition in zwei Varianten wiederholt, von der die Leipziger Fassung möglicherweise als ein Entwurf in schwarzer und farbiger Krei-

---

71 Akten der Kunstakademie Dresden, Nr. 5. S. 168-171, Dresden, den 20. Febr.: 1777 (zitiert nach Vogel/Vogel von Vogelstein 2006, (Anm. 10), S. 132-133.

72 Heinrich Keller: Nachrichten von allen in Dresden lebenden Künstlern. Gesammelt und Herausgegeben von Heinrich Keller, Leipzig 1788, S. 189-192, hier S. 189-190.

de anzusehen ist (s. Abbildung 01, S. 10)[73], während die 1778 datierte Wiener Fassung mit dem Titel *Zwei schlafende Bacchantinnen und ein Faunkind, von einem Satyr beobachtet,* in schwarzer Kreide, Pinsel in Braun, laviert, Aquarell über Bleistift als geringfügig verkleinerte Wiederholung in die Sammlung von Prinz Albert Kasimir von Sachsen-Teschen (1738–1822)[74] gelangte. Schon bei diesem ersten, allgemein anerkannten Werk Vogels wird deutlich, dass er immer wieder gelungene Kompositionen – oft auch in anderer Technik und anderem Format – für Sammler und Liebhaber seiner Bilder wiederholte. In diesem Falle gibt es überdies eine leicht variierte Kopie, die Vogels gleichaltriger Freund Christian August Günther (1759–1824), der langjährig ein Zögling von Adrian Zingg (1734–1816) war, ebenfalls für Albert von Sachsen-Teschen in einer aquarellierten Federzeichnung erstellte. Dies lässt erkennen, wie fruchtbar und beliebt damals das Thema des weiblichen Aktes im mythologischen Gewande war, denn auch jenseits des Kanals, an der Royal Academy in London, schuf nach gleichem Muster Joshua Reynolds (1723–1792) eine vergleichbare Komposition, die 1789 unter dem Titel *Cimon und Iphigenia* ausgestellt wurde und alsbald als Stich eine große Verbreitung fand.[75]
Die Komposition mit der Präsentation einer in arkadischen Gefilden sich rekelnden, nackten Nymphe oder Bacchantin atmet in seinem lasziven Sujet durchaus noch den Geist der sinnenfrohen Rokokokultur, wie sie aus Frankreich über die Werke von François Boucher (1703–1770)[76], Carl van Loo (1705–1765) u. v. a. m., vor allen aber auch über den Lehrer Schenau an den sächsischen Hof vermittelt wurden. Obwohl die Intention des Bildes noch vom Esprit des französischen Rokoko inspiriert zu sein scheint, ließ sich Vogel in der konkreten Gestal-

---

73 Vgl. G.-H. Vogel 2009 (Anm. 10), S. 16-17 mit Abb.

74 Er war der Begründer und ist der Namenspatron der Wiener Albertina, der größten Graphiksammlung der Welt.

75 Vgl. Renate Prochno: Joshua Reynolds. Weinheim 1990, S. 174-175, 177, Abb. 164.

76 Vgl. Colin B. Bailey: The Loves oft he Gods. Mythological Painting from Watteau to David. New York 1992, S. 390-395.

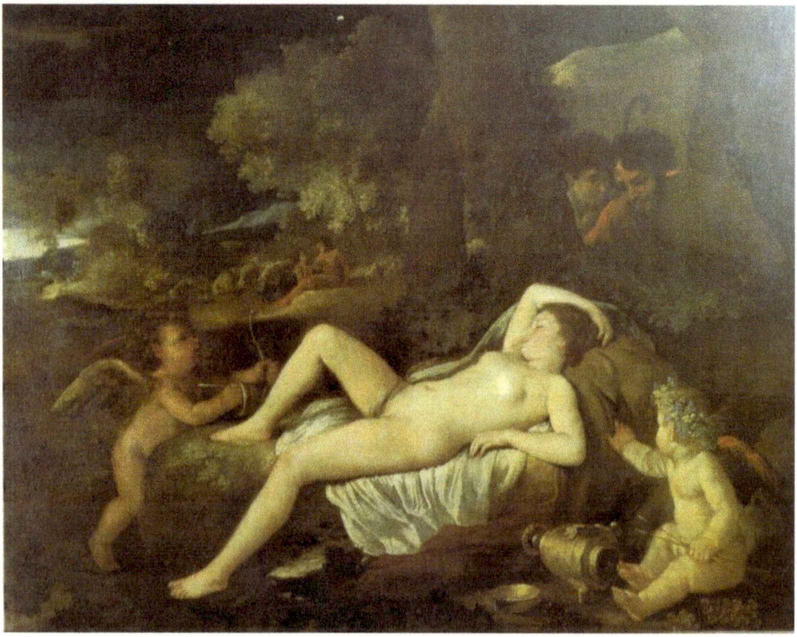

Abb. 21: Nicolas Poussins (1594-1665): Ruhende Venus mit Amor, Öl auf Leinwand.

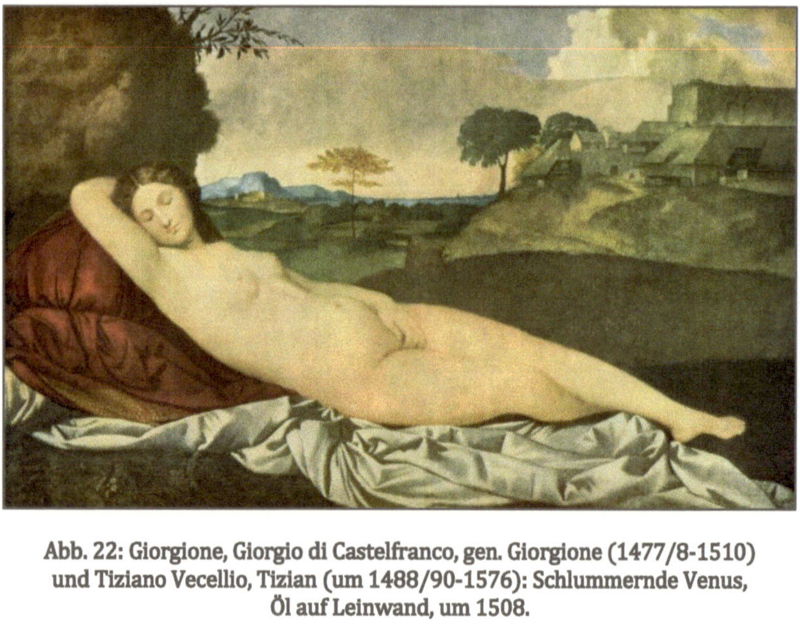

Abb. 22: Giorgione, Giorgio di Castelfranco, gen. Giorgione (1477/8-1510) und Tiziano Vecellio, Tizian (um 1488/90-1576): Schlummernde Venus, Öl auf Leinwand, um 1508.

tung seines Werks eher von den großen, hoch geschätzten Meistern des Barock und der Hochrenaissance beeinflussen, deren Klassizität als grundsätzliches Vorbild für die Künste galt. Zum einen betraf das ein Gemälde von dem man seinerzeit annahm, dass es von Nicolas Poussin (1594-1665) gemalt sei.[77] Die unter dessen Namen mit der Bezeichnung *Eine schlafende Nymphe* schon 1714 in die Dresdner Galerie gelangte *Ruhende Venus mit Amor* (siehe Abbildung 21) lieferte offenkundig das Vorbild für den liegenden Oberkörper von Vogels Frauenakt, wobei sich deren linker, hinter dem Kopf verschränkten Arm wohl eher noch auf Giorgiones (1477/8–1510) *Schlummernde Venus* (siehe Abbildung 22) in spiegelbildlicher Wiedergabe zurückführen lässt. Gemäß der Lehrdoktrin des akademischen Klassizismus wählte der junge Künstler zur Erlangung der absoluten Schönheit stets die schönsten Teile eines Körpers von unterschiedlichen Vorlagen aus und setzte sie neu zusammen. Hier sind es sowohl die seitenverkehrte Lage des Oberkörpers und die Haltung des rechten Armes, die nach Poussin nur leicht variiert werden, um damit den Ausdruck einer wie schmelzend dahingegossenen, jugendlichen Frauenschönheit einzufangen, als auch die sich kreuzende Beinhaltung des jungen Aktes, die er bei verschiedenen Werken großer Meister in der Dresdner Gemäldegalerie hatte studieren können. So konnte er dieses Haltungsmuster etwa bei Palma il Veccios (um 1480-1528) *Ruhender Venus* (siehe Abbildung 23) ebenso finden wie im einst Guido Reni (1575–1642) zugeschriebenem Werk *Venus und Amor* (siehe Abbildung 24), von dem man aber heute annimmt, dass es dem Umkreis von dessen Schule entstammt.[78] In all diesen Werken des in einer Parklandschaft lagernden Frauenaktes wird mit mehr oder minder starker erotischer Note die Idylle Arkadiens, das süße Leben in einer anmutigen Natur reflektiert, ein Thema, das sich aus der pastoralen

77 Vgl. Harald Marx (Hrsg.): Gemäldegalerie Alte Meister Dresden. Band I. Die ausgestellten Werke. Köln 2005, S. 290.

78 Vgl. Harald Marx (Hrsg.): Gemäldegalerie Alte Meister Dresden. Band II. Illustriertes Gesamtverzeichnis. Köln 2005, S. 428.

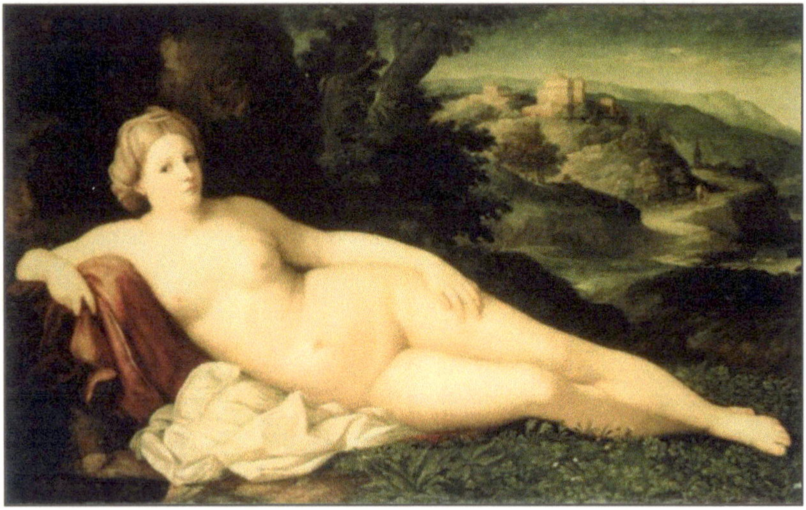

Abb. 23: Giacomo di Antonio Nigretti, gen. Palma il Veccio (um 1480-1528): Ruhende Venus, Öl auf Leinwand, um 1518/20.

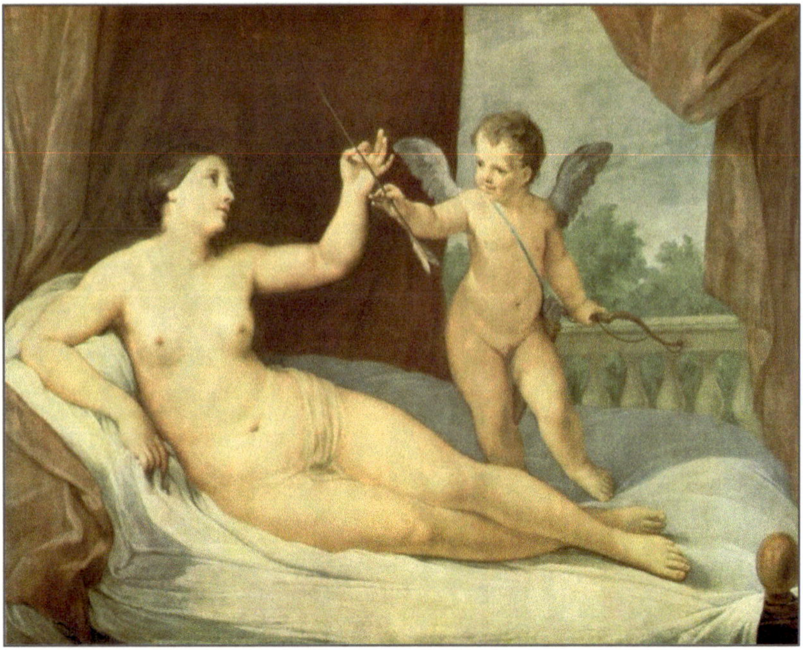

Abb. 24: Guido Reni 1575-1642) (Schule): Venus und Amor, Öl auf Leinwand.

Tradition der Renaissance herleitet und im 18. Jahrhundert noch immer geeignet erschien, im Wunschbild die Frustrationen der Gegenwart zu kompensieren.

Dabei wählte Vogel eine Mischung aus Mythologie und Idylle. Mit dem mythologischen Sujet pastoraler Szenen wurde eindeutig die Wunschwelt Arkadiens – das verlorene *Goldene Zeitalter* als Lebensweise uneingeschränkten Glückes – heraufbeschworen, während die »*gesperrte Landschaft*« als Kompositionsmuster, wie sie Hagedorn definierte, dafür Sorge trug, das Auge des Betrachters zu beruhigen, indem der Künstler es nicht in die Ferne lenkt, sondern diese nur *„leicht und duftend andeutet.* [...] *Die Landschaft* [wird] *gesperrt* [...] *und das Feld der hirtenmässigen Handlung* [...] *mit Bergen und Gesträuch eingeschlossen. Aber diese Nothwendigkeit wird künstlich versteckt, und selbst in Schönheit verwandelt".*[79] Weiterhin konkretisiert der Kunsttheoretiker dabei die Idylle oder – wie Hagedorn es bezeichnete – den *„landmässigen Stil"* [im Gegensatz zur heroischen Landschaft als], *eine Vorstellung, die den anmuthigsten Eindruck von dem Hirtenleben giebt,* [die nicht dadurch aufhört, landmäßig – also idyllisch – zu sein, wenn] *sie uns etwa einen Tempel in der Ferne, eine Opferung vor einem Grenzgotte in der Nähe, oder Schäferinnen um das Grabmal ihrer Gespielin zeigen."*[80]

Diese Verfahrensweise begegnet uns auch in einer weiteren mythologischen Szene, die Vogel ebenfalls über einen längeren Zeitraum hinweg in mehreren Varianten wiederholte. Der erste Hinweis zu *„zwei arkadische Schäferinnen, halbe Figur in Öl"* findet sich in den Akten der Dresdner Kunstakademie in der Auflistung der *„gelieferte*[n] *Sachen zur Ausstellung zum 5. Merz 1781"* mit der Bemerkung: *„Er* [Vogel] *ist gegenwärtig in Wildenfels bei den H. Graf Solms/Als Pensionär der Dresdner Akademie erhält er 150 rt jährl. Besoldung – Reise und Bez."*[81]

---

79 Hagedorn 1762/1997 (Anm. 69), S. 351.

80 Hagedorn 1762/1997 (Anm. 69), S. 360.

81 (II 27/37) Akten der Kunstakademie 113a, Blatt 385 a, zitiert nach Vogel/Vogel von Vogelstein 2006 (Anm. 10), S. 134.

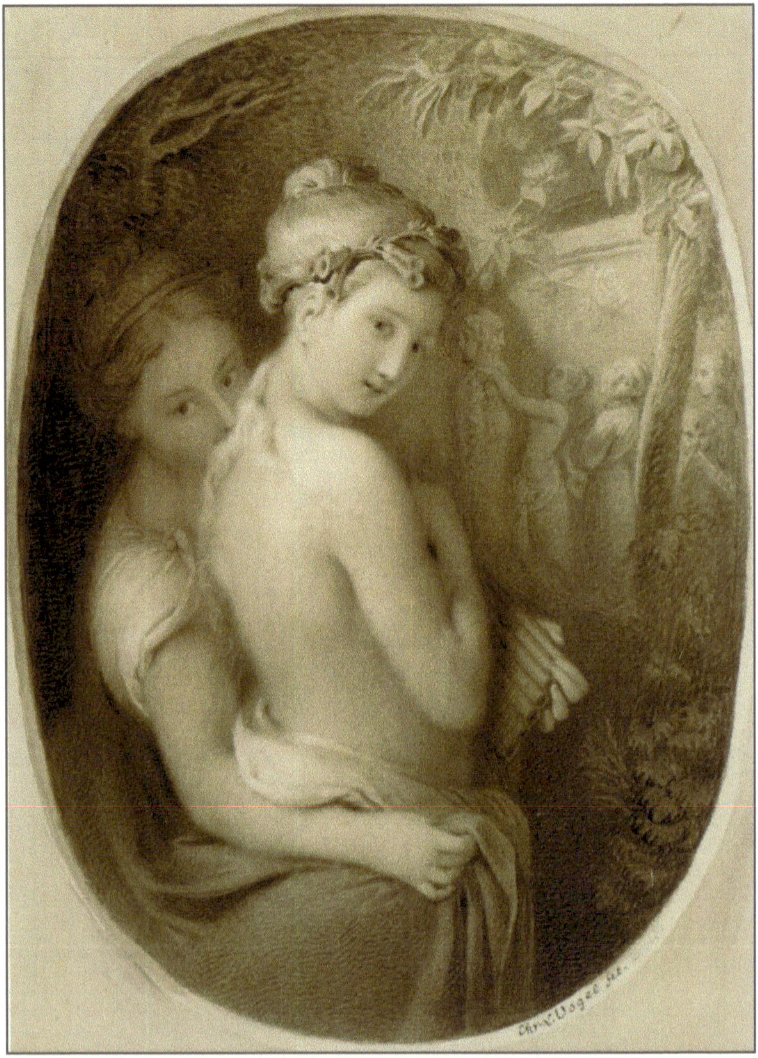

Abb. 25: Christian Leberecht Vogel (1759–1816): Zwei Mädchen mit Syrinx, Pinsel in Braun, über Graphitvorzeichnung, um 1781.

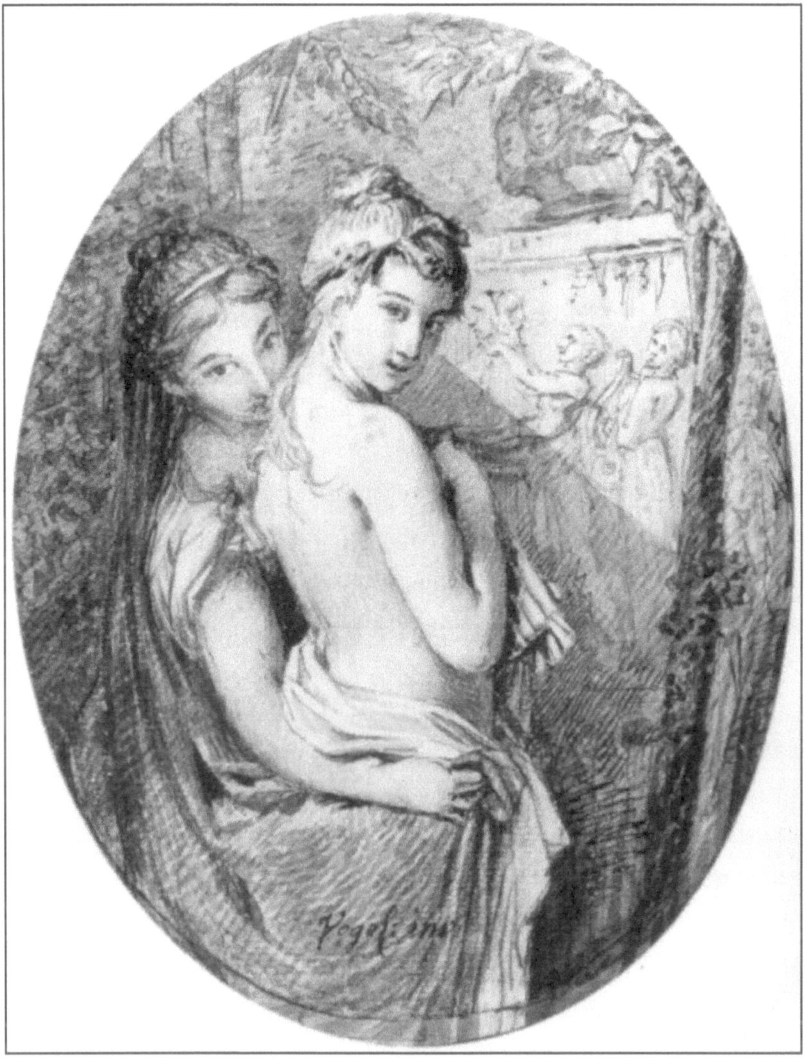

Abb. 26: Christian Leberecht Vogel (1759–1816): Zwei Nymphen vor einem Postament, sich dem Betrachter zuwendend, um 1781, Rötel, Feder in Braun, Pinsel in Grau, Aquarell, über Bleistift, stellenweise mit Pinsel in Weiß gehöht.

Zwar ist auch dieses Gemälde, das sich vermutlich nach Kellers Bericht von 1788 unter dem Titel *„Zwey Mädchen als Nymphen, in Oel“* [82] im berühmten Gemäldekabinett des Leipziger Bankiers und Kaufmanns Gottfried Winkler (1731–1795) befand, längst verschollen, doch gibt es wenigstens zwei Repliken, – eine in Weimar (siehe Abbildung 25)[83], die andere in Wien (siehe Abbildung 26) – die uns zumindest eine gewisse Vorstellung von dieser Idylle vermitteln, von der es 1782 im *Deutschen Museum* in der Rezension *Gedanken über den Zustand der Künste in Sachsen, bei Gelegenheit der Ausstellung vom Jahre 1781* heißt: *„Vogel hatte ein Gemälde, worauf zwei junge Nimphen zu sehen. Die Gesichter sind vol Reiz und Schönheit. Das Ganze ist angenehm, und beweiset, daß dieser junge Künstler das feinste Gefühl hat. Von diesem Gemälde hat er auch eine kleine Zeichnung mit schwarzer Kreide verfertigt, welche nicht genug Wirkung thut, ob sie wohl fleißig gemacht ist.“*[84] Beide überlieferten Zeichnungen können nicht mit jener im *Deutschen Museum* erwähnten schwarzen Kreidezeichnung identisch sein, denn beide wurden in einer anderen als der beschriebenen Technik überliefert.

Ganz nah erblicken wir die beiden jungen Schäferinnen Arkadiens oder doch wohl eher Nymphen, die weiblichen Halbgottheiten von ewiger Jugend, die *„sich an der Jagd* [ergötzen ...] *entzückt durch die Gefilde* [schwärmen ...], *Festtänze auf*[führen ...], *weben, singen und* [...] *in traulichen Grotten* [kosen] [...] *und durch ihre göttlichen Reize und prachtvollen Gewänder die Aufmerksamkeit der Sterblichen zu gewinnen* [suchen, die] *von ihnen keine Gefahr* [zu befürchten haben].“[85] Schelmisch kokettierend wenden sie sich dem Betrachter zu, so als wollten sie ihn

---

82 Keller 1788 (Anm. 72), S. 191.

83 Vgl. Vogel/Vogel von Vogelstein 2006, (Anm. 10), S. 40-41; Vogel 2009, (Anm. 11), S. 108-110.

84 Im 8. Stück, S. 156, zitiert nach: Maren Gröning, Marie Luise Sternath: Die deutschen und Schweizer Zeichnungen des späten 18. Jahrhunderts. Beschreibender Katalog der Handzeichnungen in der Graphischen Sammlung Albertina, hrsg. von Konrad Oberhuber, Band IX, Wien, Köln, Weimar 1997, S. 276, Nr. 939.

85 Nymphe, in: Minckwitz 1856 (Anm. 23), S. 431.

zur Teilhabe an ihren Vergnügungen im Wunschreich Arkadiens einladen. Die eine von ihnen hält eine Syrinx in der Hand, jenes Musikinstrument des Hirtengotts Pan, der es aus dem Schilfrohr fertigte, in das die gleichnamige Najade von ihren Schwestern aus Erbarmen verwandelt worden war, als sie sich der Bedrängung des Herrschers Arkadiens erwehren wollte. Der so betrogene Liebhaber dieser Nymphe schnitt sich zum Andenken an Sie *„etliche Halme ab, legte sie an die Lippen, um sie zu küssen, und da der Hauch seines Mundes einen wohlklingenden Ton hervorvorbrachte, erfand Pan durch diesen Zufall die berühmte Hirtenflöte, die er jener Najade zu Ehren Syrinx nannte."*[86] In der Wiener Albertina finden sich alte Unterlagen zur Dokumentation des dortigen Blattes, auf denen auf die allegorische Bedeutung der Szene hingewiesen wird, die sich auf Musik und Theater bezieht.[87] Dabei versteht sich die Pansflöte – eines der ältesten Musikinstrumente der Menschheit – als Sinnbild für den großen Stellenwert, den die Musik neben dem Theater und Festaufzügen im Hirtenland Arkadien einnahm. Rechts im Mittelgrund ist unter schattenspendendem Laubwerk ein antikes Relief zu erkennen, auf dem Schäferinnen oder Nymphen Arkadiens in einem Prozessionszug die Herme des doppelgesichtigen Gottes Janus mit Blumen bekränzen. *„Janus, der älteste Gott Italiens, welchem man den Ursprung aller Dinge zuschrieb, ein Hüters des Weltalls, der die Schlüssel zu den Pforten des Himmels und der Erde führte, alle Ein- und Ausgänge vor feindlichen Dämonen bewachte und das Jahr, die Monate und Jahreszeiten lenkte.* [...] *Diesen Gott alles Anfangs* [rief man bevorzugt im] *ersten Monat des Jahres* [am Neujahrstage, seinem Hauptfest, an ...] *wobei man sich wechselseitige Geschenke gab* [und dem Gott selbst] *unblutige Opfer, einen mit Milch und Honig bereiteten Kuchen und geröstetes, mit Salz bestreutes Korn* [als Gaben darbrachte. Janus regierte gemeinsam mit Saturnus (Kronos). Unter ihrem Zepter wurde jede Art von Kultur eingeführt und] *das goldene*

---

86 Pan, in: Minckwitz 1856 (Anm. 23), S. 483.

87 Vgl. Gröning/Sternath 1997 (Anm. 84), S. 276, Nr. 939

Zeitalter [hatte unter ihnen] *geblüht.*" Mit diesem Hinweis auf Janus im Relief unterstreicht der Künstler noch einmal jenen Traum von einer friedvollen Zeit ewigen Glücks, dem Grundgedanken, der arkadischen Idyllen, denn in seiner Doppelköpfigkeit *„kann er als Bild für eine gesellschaftspolitische Tendenz genommen werden, die zurückschauend das Alte erkennt, um es für die Zukunft fruchtbar zu machen und zu aktualisieren"*.[88]

Nach der römischen Sage galt das Goldene Zeitalter als jene Periode, in der die Menschheit unter dem Zepter von Kronos (lat. Saturn) und Janus nicht nur ohne Krankheit, Krieg und Arbeit glücklich und zufrieden lebte, sondern auch als jene Phase vor Eintritt des Verfalls der sozialen und moralischen Verhältnisse, in der die Kultur, mithin die Künste, zur Blüte gelangten. Die Göttinnen der Anmut (römisch die Grazien, griechisch die Chariten) trugen als die erfreuenden oder wonnespendenden Gottheiten wesentlich zur Verfeinerung der Kultur bei. Drei an der Zahl, sorgten Aglāia für Glanz, Euphrosȳne für Frohsinn und Thalīa für blühendes Gedeihen jedes Unternehmens: *„Sie sind es, welche* [...] *die Schöpfung des Dichters zum Gedicht und das Werk der Künstlerhand zum Kunstwerk erheben.* [Dabei war es ihre Bestimmung], *die sinnlichen sowohl als die geistigen Genüsse zu verfeinern.*"[89] Unter diesem Aspekt der Verfeinerung, ja Veredelung jeglicher Tätigkeit menschlichen Tuns ist es nicht erstaunlich, dass die Darstellung der drei Grazien in Vogels künstlerischem Programm der Visualisierung des Reichs des Saturn nicht fehlen dürfen: im Gegenteil, er weist ihnen sogar bei der Ausgestaltung der Höfe von Wildenfels und Waldenburg[90] – genau wie dies Oeser in Wolkenburg[91] tat –

---

88 Janus/Dianus, in: Wolfgang Bauer, Irmtraud Dümotz, Sergius Golowin: Lexikon der Symbole, Wiesbaden 1996 (16. Aufl.), S. 135-137, hier: S. 137.

89 Grazien, in: Minckwitz 1856 (Anm. 23), S. 256-59, hier 258-259.

90 Eine Sepiazeichnung mit der Darstellung der drei Grazien und dem schlafenden Amor (vgl. Abb. 31) befand sich auf Schloss Waldenburg und wird weiter unten behandelt. Vgl. O. E. Schmidt (1931) (Anm. 30), S. 64 und Abb. 38.

91 Vgl. Staatsarchiv Leipzig: GH Wolkenburg Nr. 46. Baupläne und Beschreibungen vom Schloß und Rittergut Wolkenburg. Anfang 19. Jahrhundert bis 1941.

eine zentrale Rolle zu, weil ihre positive Wirkung auf den Menschen sowohl der Überzeugung ihrer Auftraggeber von der Verbesserung der Welt und der Rückkehr eines Goldenen Zeitalters entspricht, die mit den erzieherischen Mitteln der veredelnden Wirkung der Künste als auch durch praktische christliche Nächstenliebe im Sinne des Pietismus und der Wohltaten freimaurerischen Wirkens erzielt werden können. Programmatisch erscheinen die drei Grazien im Deckenbild der Bibliotheks-Rotunde von Schloss Wildenfels (siehe Abbildung 28). Die Komposition, die in einem in der Albertina befindlichen Blatt vorbereitet wurde (siehe Abbildung 29), zeigt die Töchter des Zeus und der Oceanide Eurynöme - *Euphrosȳne* (Frohsinn), *Aglāja* (Glanz) und *Thalīa* (Blüte) - in nackter Schönheit auf einer Wolkenbank sitzend. Eine der Grazien, die nach anderen Quellen auch als Töchter des Sonnengottes Helios und der Ägle (=Aglāja) oder aber des Bacchus und der Venus[92] bezeichnet werden, hält dem Amorknaben eine Girlande mit Rosenblüten entgegen, deren geschwungene S-Form nicht allein der Hogarth`schen Schönheitslinie folgt, wie sie Vogel selbst in seiner eigenen Schönheitslehre (siehe Abbildung 27) als vorbildlich erachtet hatte[93], sondern spielt auch auf das Initial des Familienna-

---

Decorationen des großen Saals in Wolkenburg. Dort befindet sich die Beschreibung des verlorenen Deckenplafonds mit dem Titel „Saturn befiehlt der Glückseligkeit“ von Adam Friedrich Oeser: *„Saturnus befiehlt der Glückseligkeit, vorgestellt durch die drei Charitinnen: Liebe, Freude, Sanftmuth, zur Erde, vorgestellt als Mutter Natur zurückzukehren. Tandem Saturnia regna redibunt. An den von den Chariten gewundenen Festons ist der Chronleuchter an einer Fortsetzung des Festons aufgehangen.“*

92 Zur Herkunft der Grazien nach unterschiedlichen Quellen vgl. Minckwitz 1856 (Anm. 23), S. 256.

93 Vgl. Christian Leberecht Vogel: Ideen über die Schönheitslehre in Hinsicht auf sichtbare Gegenstände überhaupt und auf bildende Kunst insbesondere. Dresden 1812, Kap. XIII. Von den Verhältnissen der geschwungenen Linien bey Festsetzung einer Schönheitslinie, S. 87-90, Tab XXI, Fig. 222- Fig. 232. Die Wahl der Grundkomposition seiner Schönheitslinie entspricht der I. Classe in Fig. 223 b auf S. 88: *„Was die ungleichen Verhältnisse einer geschwungenen Linie betrift (sic!), so wollen wir solche unter drey Classen bringen, und darin ihre Verhältnisse, sowohl die zu entfernten, als die zu nahen und mittleren betrachten. In der ersten Classe Fig. 223, wo die Schwingungen a b c in zu sehr gebogenen Linien laufen, hat jede dieser Figuren einen großen Bogen und*

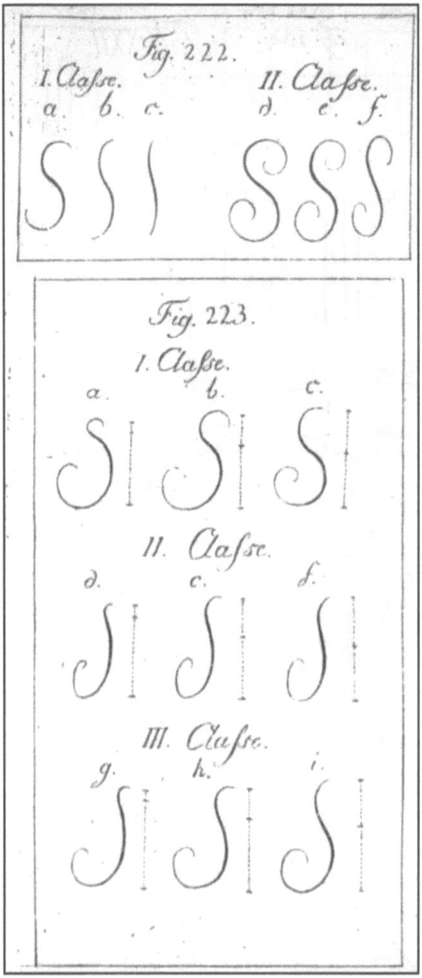

Abb. 27: Christian Leberecht Vogel: Von den Verhältnissen der geschwungenen Linien, Tab XXI, aus: Ideen über die Schönheitslehre in Hinsicht auf sichtbare Gegenstände überhaupt und auf bildende Kunst insbesondere. Dresden 1812, bes. Fig. 223.

---

zwei ungleiche kleine. In der Schwingung a beträgt der Unterschied des großen Bogens zu den zwei kleinen zu viel, in c zu wenig; die Verhältnisse aber in der Schwingung b halten zwischen dem zu großen und dem zu geringen Unterschiede der drei Bögen das schöne Mittel." Damit präzisiert er den von Hogarth formulierten Gedanken der S-förmigen Schönheitslinie und definiert deren Ideal nicht nur als Schlängelform in Gestalt einer Wellenlinie, sondern als sanft geschwungene Linie, die in ihrer Führung gleichermaßen harmonisch wie abwechslungsreich ist. Vgl. William Hogarth: Analysis of Beauty, Plate I, London 1753.

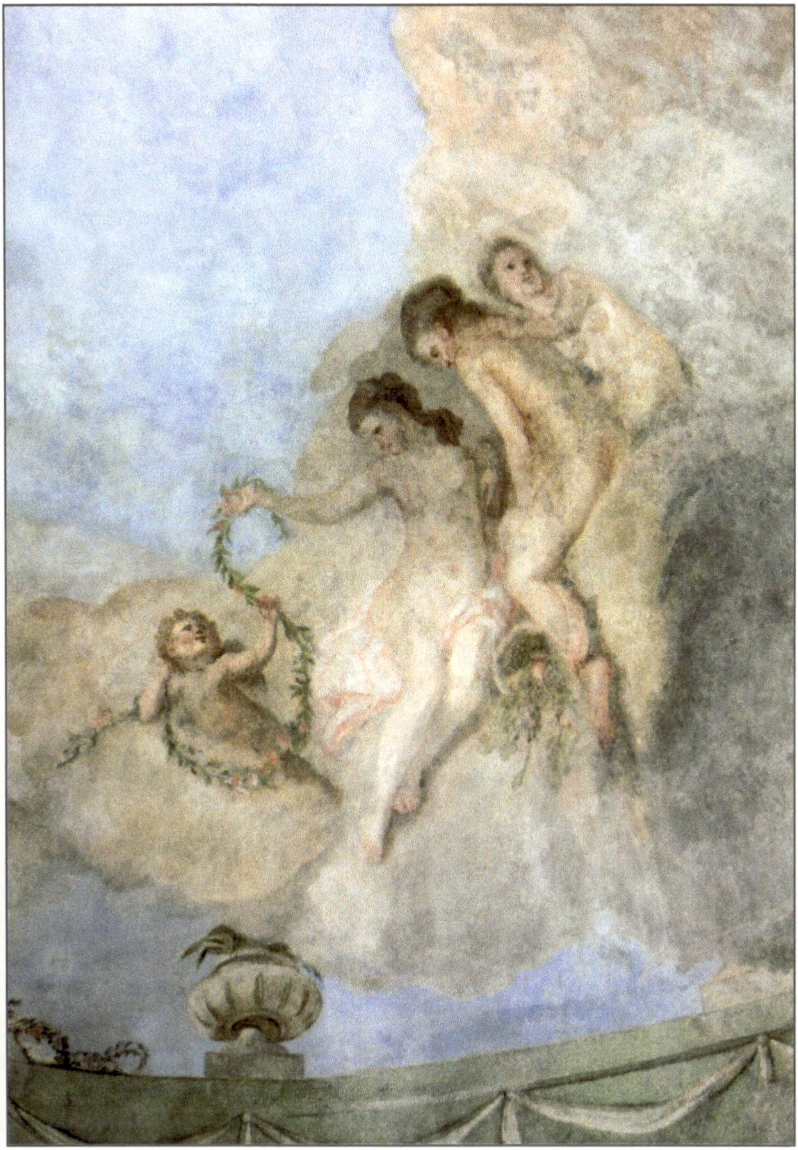

Abb. 28: Christian Leberecht Vogel: Die drei Grazien, um 1780/85, Deckenmalerei Öl/Harz, ca. 20 m², in der Bibliotheksrotunde in Schloss Wildenfels.

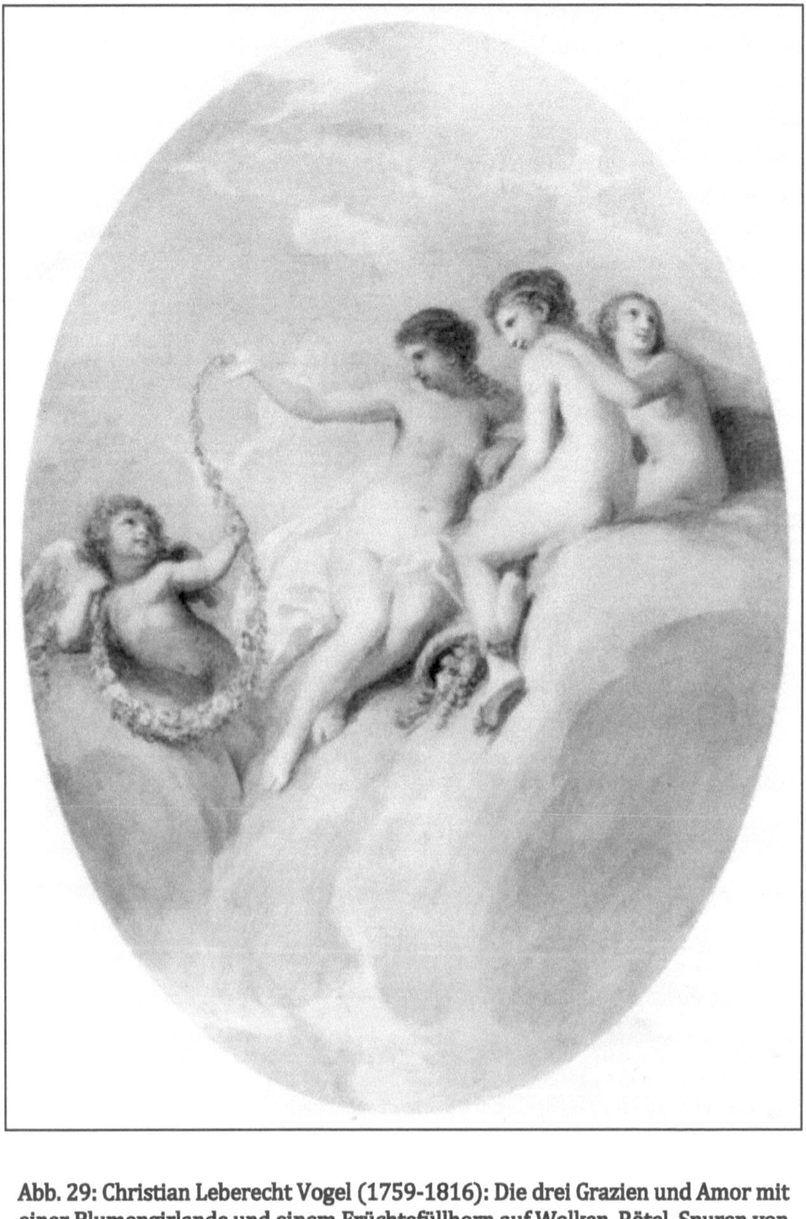

Abb. 29: Christian Leberecht Vogel (1759-1816): Die drei Grazien und Amor mit einer Blumengirlande und einem Früchtefüllhorn auf Wolken, Rötel, Spuren von schwarzer Kreide, Aquarell über Bleistift, um 1780/85, (1790er Jahre?).

mens Solms an[94], so dass zwischen Auftraggeber und dem durch die Grazien veredelten Schönheitssinn eine unmittelbare Verbindung hergestellt wird. Diese Assoziation zielt auf die Herausstellung der kultivierenden Wirkung des Hauses Solms für die kleine Herrschaft Wildenfels ab, denn sie versucht mit dieser mythologischen Allegorie das Herrschaftsverständnis von Friedrich Magnus I. sichtbar zu machen. So, wie die Grazien dazu beitragen, dass alle Dinge dieser Welt erst durch den von ihnen verliehenen Zauber des Liebreizes ihre Vollendung erlangen, so war der aufgeklärte Auftraggeber bestrebt, durch seine kulturfördernde Politik zur inneren Wandlung und geistige Entfaltung der Menschen in seinem Verantwortungsbereich beizutragen und ihnen durch den Zugang zu Kunst und Kultur den Weg zur Freude und wonnigem Genuss zu ebnen.

Noch eindeutiger wurde die Programmatik der freimaurerischen „*Errichtung des »Tempels der Humanität«* [, die sich im] *Deckenprogramm der Wildenfelser Loge »Zu den drei Rosen«*" äußert, mit der Veranschaulichung einer maurerischen Lichtsymbolik in der Darstellung des *Kampfes der Aurora gegen die Nacht* oder *Phöbus Apoll führt den mit vier Rossen bespannten Sonnenwagen am Himmel entlang* zum Ausdruck gebracht (siehe Abbildung 30).[95] Da Jürgen Ecker bereits das Bildprogramm dieser Deckenmalerei ausführlich erörtert hat, sollen hier nur noch einmal dessen Eckpunkte ihrer freimaurerischen Ikonographie kurz rekapituliert werden: Gezeigt wird in dieser Allegorie mit dem Aufzug Apolls am Morgenhimmel der Triumphzug des Lichtes über die Finsternis, gemeint als Sinnbild des Sieges der Kultur über die rohe Wildheit der Natur. Phöbus Apoll, der Reine, der Strahlende, gilt als Garant sittlicher Ordnung und edlen Maßes. Er zivilisiert in Gemeinsamkeit mit den von ihm geführten Musen und Horen die

---

[94] Die Rosengirlande verkörpert das Weiterreichen des Bandes der Brüderlichkeit nach freimaurerischem Gestus im Vorraum des als Logensaal genutzten Bibliotheksraums. Zur Freimaurersymbolik in Vogels Wildenfelser Deckenmalerei vgl. Jürgen Ecker: Zur Ikonographie des Logenplafonds von Schloss Wildenfels, in: Gerd-Helge Vogel 2009 (Anm. 10), S. 136-143, bes. S. 140.

[95] Vgl. Ecker 2009 (Anm. 94), S. 138.

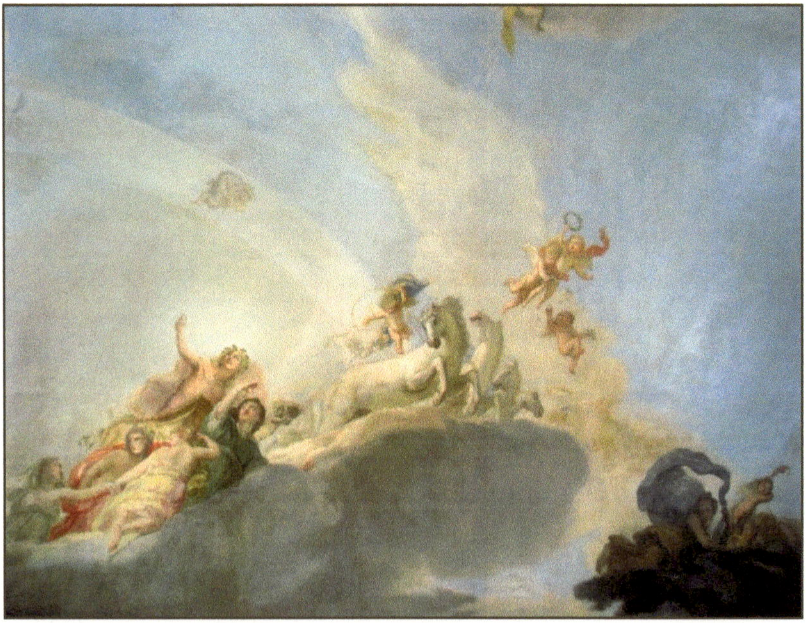

Abb. 30: Christian Leberecht Vogel (1759-1816): Kampf der Aurora gegen die Nacht oder Phöbus Apoll führt den mit vier Rossen bespannten Sonnenwagen am Himmel entlang, Deckenmalerei, Öl/Harz, 45 m²., ehemaliger Bibliotheks- und Logensaal auf Schloss Wildenfels, um 1780/85.

Welt in ihrer aggressiven Triebhaftigkeit und bezähmt sie durch geistige Sublimierung, durch die Beschäftigung mit den die Menschheit veredelnden Künsten. Durch die Malerei an den Decken der Rotunde und der Bibliothek des Schlosses Wildenfels wird zugleich das der Freimaurerei innewohnende pädagogische System der Selbsterziehung des Individuums durch tugendhaftes Verhalten zum Bewusstsein gebracht, das zum mündigem Umgang mit dem kulturellem Erbe des in der Bibliothek zusammengetragenen Bücherwissens führt, sodass durch die Lektüre der Weisheit der Alten der Verstand beständig geschärft sowie das Gefühl zur Mitmenschlichkeit erzogen werden.

Schloss Wildenfels war nur für kurze Zeit Sitz der 1743 in Sachsenfeld gestifteten Dresdner Filialloge »Zu den drei Rosen«, die um 1780 nach Wildenfels verlegt worden war und bereits 1781 auf das Rittergut Rüsdorf bei Lichtenstein umsiedelte, wo nunmehr Otto Carl Friedrich von Schönburg-Stein/Waldenburg (1758–1800) als zweiter Meister vom Stuhl die Hammerführung übernahm. Dieser 1790 zum Reichsfürsten erhobene sächsische Standesherr war ebenso wie Solms ein wichtiger Auftraggeber für den Logenbruder Vogel.[96] Da Graf Otto Carl Friedrich weitgehend die politischen und kulturpolitischen Überzeugungen eines von Humanität getragenen aufgeklärten Standesherrn mit Friedrich Magnus I. Graf von Solms-Wildenfels teilte, erstaunt es nicht, wenn wir auch in der Schönburgischen Kunstsammlung einer Darstellung der *Drei Grazien* (siehe Abbildung 31) begegnen, einer feinfühligen Sepiazeichnung, die möglicherweise als Entwurf zur Ausschmückung der Rüsdorfer Loge geplant war? Das Blatt, das Otto Eduard Schmidt 1931 beschrieben hatte, ist heute verschollen: *„Im Walde ist der kleine Gott Amor eingeschlafen. Vor ihm in einer Lichtung stehen die drei Grazien. Die eine hat dem Schlafenden Köcher und Bogen weggenommen und probiert ihn in etwas gebückter Stellung, die andere wendet sich dem Schläfer zu, als ob sie ihn wecken wolle, während die dritte, hochaufgerichtet zwischen den beiden, der Schwester zuflüstert, daß sie den gefährlichen Schläfer nicht wecken solle. Die ganze Gruppe ist anmutig aufgebaut und von schöner Form."*[97]

In den drei Grazien verkörpert sich die äußere und innere Schönheit der Menschen, sie symbolisieren in ihrer Anmut die Wohlgestalt der Seele und bringen das sittliche Ideal des Zusammenklangs des Schönen mit dem Guten zum Ausdruck. Aus diesem Grunde sind sie auch darauf bedacht, nicht den schlafenden Amor zu wecken, der das Triebhafte, Wilde, Ungezügelte im Menschen verkörpert und deshalb die Harmonie zwischen Körper, Geist und Seele zu stören vermag. Im freimaurerischen Streben nach edler Vervollkommnung des Ichs sollte deshalb das Wirken Amors möglichst ausgeschaltet bleiben – dies ist die Botschaft von Vogels Blatt.

---

[96] Vgl. O. E. Schmidt (1931) (Anm. 30), S. 34-36. Otto Carl Friedrich von Schönburg trat am 6. 10. 1779 in Leipzig in die Loge „Minerva zu den drei Palmen" ein, wo er am 19. 4. 1780 den zweiten Grad (Geselle) erhielt. Bald wechselte er zur Wildenfelser Loge und wirkte nach deren Verlegung nach Rüsdorf als zweiter Meister vom Stuhl.

[97] O. E. Schmidt (1931) (Anm. 30), S. 64.

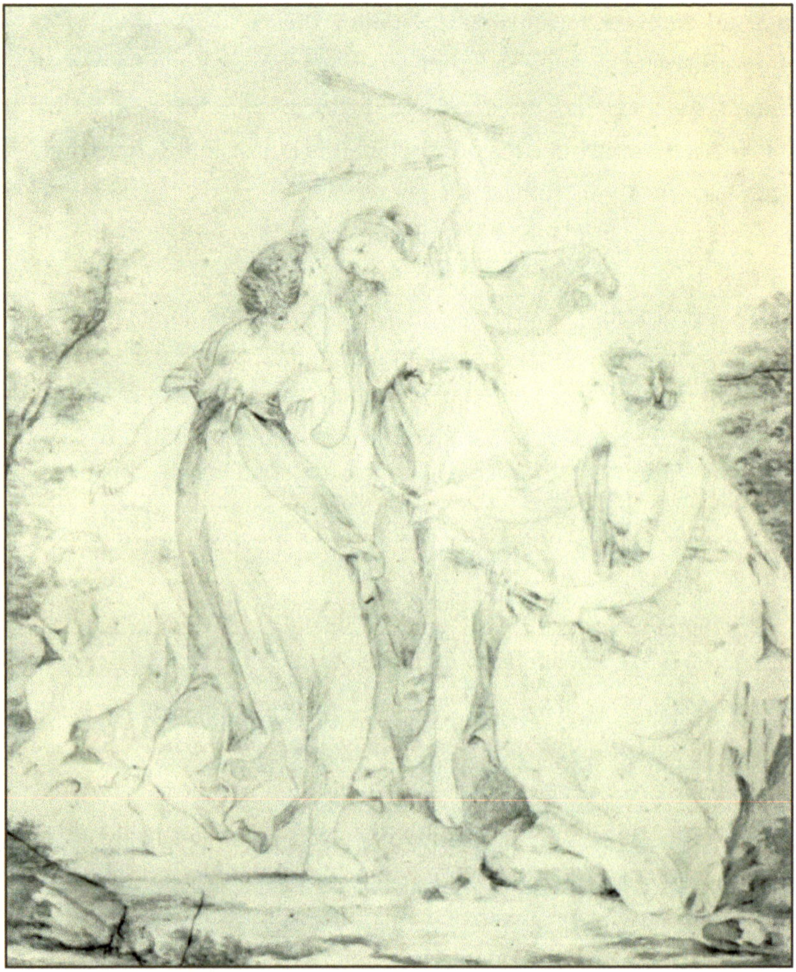

Abb. 31: Christian Leberecht Vogel (1759-1816):
Die drei Grazien und schlafender Amor, 1780-1790, Sepia,
ehemals Schloss Waldenburg, Kriegsverlust.

Diese Sinngebung greift eine weitere Komposition auf, mit der sich Vogel von ca. 1790 bis 1802 mehrfach beschäftigt hat. Sie behandelt das Thema *Amor, von Euphrosȳne entwaffnet* in verschiedenen Fassungen und Techniken, von denen sich zumindest eine Sepiazeichnung in der Wiener Albertina (siehe Abbildung 32) und ein Aquarell in Cottbusser Privatbesitz (siehe Abbildung 33) erhalten hat. Das gelegentlich als *Amor und Psyche* missdeutete Sujet[98] lässt sich als Zuspitzung des Konfliktes zwischen veredelnder Selbstzucht und Triebhaftigkeit deuten, bei der die Tugend die Oberhand gewinnt. Euphrosȳne, die Verkörperung des Frohsinns, vermag nur wirklich zu erfreuen und Wonne zu spenden, wenn die Freude nicht ins Rohe überbordet, sondern durch Anmut und Selbstzucht beherrscht wird, bei der das rechte Maß gewahrt bleibt. Ohne den Zauber, den die Grazie den Dingen wie den Menschen verleihen, *„sinkt die Freude zur wilden Ausgelassenheit, das heitere Fest zum rohen Jubel, die Liebe zur gemeinen Wollust und der Scherz zur Plumpheit herab.* [...] [Erst die Anwesenheit der Grazien schafft den Reiz des Gefälligen, vermittelt dem Leben den höchsten Grad der Schönheit und Sittlichkeit, sodass ihre veredelnde Wirkung dafür sorgt, dass] *die Geliebte dem Geliebten, die Gattin dem Gatten reizend mach*[t und] *dem Festtag die Sonne der wahren Freude aufgehen* [lässt, durch die erst] *die Schöpfung des Dichters zum Gedicht und das Werk der Künstlerhand zum Kunstwerk* [erhoben wird].*"*[99] Insofern zielt die Anwesenheit der Grazien im Prozess freimaurerischer Selbsterziehung stets auf die Verfeinerung der sinnlichen und geistigen Genüsse ab, die mit einer Befreiung von Triebhaftigkeit einhergeht, gesteuert von der einsichtsvollen Weisheit der Selbstbeschränkung und des Maßhaltens, folglich Tugenden des sittlichen Anstands, die wesentlich zur Kultivierung des Einzelnen wie der ganzen Gesellschaft beitragen.

Diese moralischen Grundsätze aufgeklärter Humanität am Wildenfel-

---

[98] Vgl. Gröning/Sternath 1997 (Anm. 84), S. 277, Nr. 941; - Vogel/Vogel von Vogelstein 2006, (Anm. 10), S. 40.

[99] Minckwitz 1856 (Anm. 23), S. 257-258.

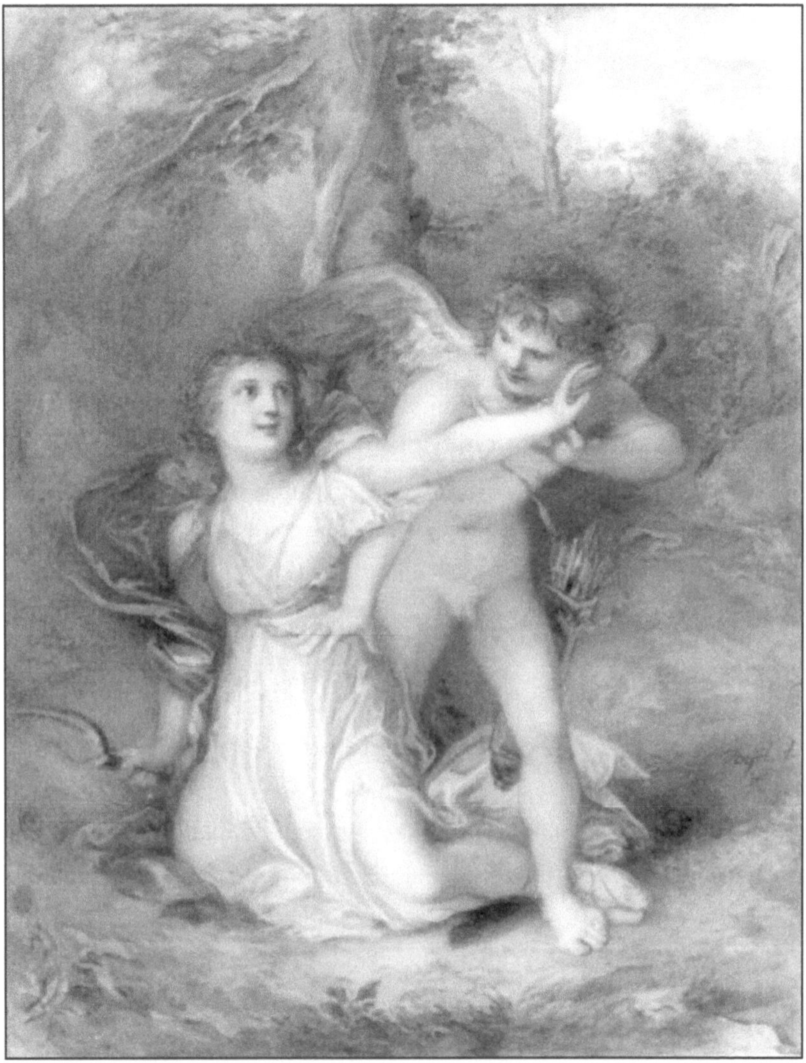

Abb. 32: Christian Leberecht Vogel (1759-1816): Amor, von Euphrosyne entwaffnet, Pinsel in Braun, Aquarell über Spuren von schwarzer Kreide und Rötel, mit Pinsel in Weiß gehöht, 1790er Jahre.

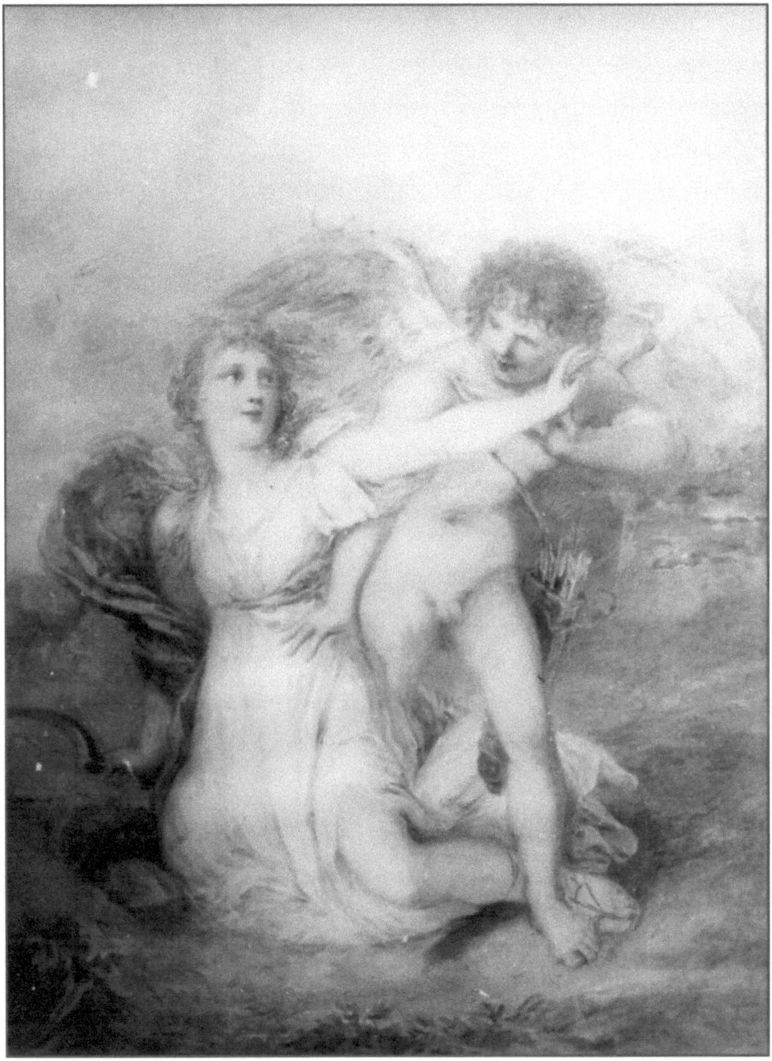

Abb. 33: Christian Leberecht Vogel (1759-1816): Amor, von Euphrosyne entwaffnet, Aquarell, Maße unbekannt, Privatbesitz Cottbus, 1790er Jahre.

ser Hofe thematisierte Vogel noch einmal im Jahre 1803 mit der Darstellung des *Narziss* (siehe Abbildung 34), kurz bevor er die kleine erzgebirgische Residenz verließ, um die restlichen Jahre seines Lebens als Lehrer an der Dresdner Kunstakademie zu wirken. Mit Narziss, der tragischen Figur der Mythologie, die sich in ihr Spiegelbild verliebte und sich wegen dessen Unerreichbarkeit zu Tode verzehrte und nur aus Erbarmen der Götter in die Blume verwandelt wurde, die als Frühlingsboten die Herzen der Menschen erfreut, reflektierte Vogel das Thema der Selbstliebe, das im Rahmen des Erstrebens freimaurerischen Ideale sittlicher Integrität nicht ausgeblendet bleiben darf. Übertriebener Egoismus widerspricht dem freimaurerischen Ideal humanitärer Selbstzucht zur Vollendung der eigenen Persönlichkeit, die nur durch beständiges Schleifen des als rohen Stein betrachteten Individuums, mithin durch freiwillige Eindämmung der Begierden und Triebe, erreicht werden kann. In diesem Sinne wirkt Vogels Gemälde als Mahnung. Statt forcierte Selbstliebe solle sich der Mensch lieber um Selbsterkenntnis bemühen, um mit diesem Wissen die eigene Vervollkommnung zum Nutzen der Allgemeinheit gezielt vorantreiben zu können.
Aus zeitgenössischen Katalogen und Berichten erfahren wir noch von manch anderem, inzwischen verschollenem, mythologischen Historienbild in Vogels Œuvre, das ähnlich wie die hier besprochenen Werke dazu bestimmt war, durch das Beispiel antiker Legenden sittliche Normen zu veranschaulichen, die geeignet waren, menschliche Tugenden zu befördern. Mit der Darstellung des edlen Schönen sollte das moralisch Gute bewirkt werden, um durch diese pädagogische Botschaft im Gewande arkadischer Idyllen das gesamtgesellschaftliche Ziel einer utopischen Wunschwelt eindrucksvoll zu veranschaulichen, deren Vorbildwirkung im Zeitalter der Aufklärung und der Empfindsamkeit als Richtschnur sozialen Handelns diente. Mit der Hoffnung auf Wiederkehr des saturnischen Reiches menschlicher Glückseligkeit, mit der Stillung der Sehnsucht nach dem Goldenen Zeitalter, be-

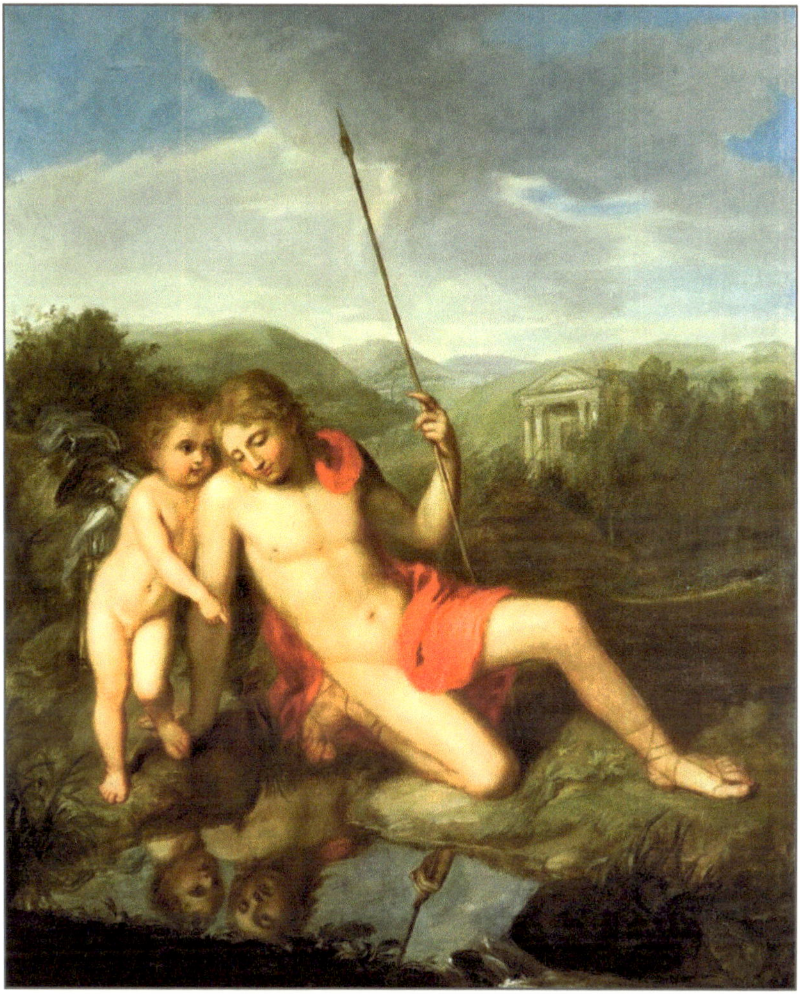

Abb. 34: Christian Leberecht Vogel (1759-1816): Narziss, Öl auf Leinwand, 1803.

trieb Vogel im Zeichen der Anmut und des Liebreizes eine subtile Propaganda, die auf nichts weniger als die Verbesserung der Welt durch die erzieherische Wirkung seiner Kunst abzielte. In dieser Hinsicht besitzt auch die in Brockhaus' Conversationslexikon von 1826 getroffenen Feststellung über sein Schaffen noch heute Gültigkeit: *„Wie sein ganzes Wesen zart und sanft war, so haben auch Vogel`s Bilder viel Weichheit und Zartheit; in einer gewissen Zeit bemerkte man an ihnen selbst etwas Schwaches und Mattes, dem Colorit fehlte es an Kraft, was jedoch der Kindernatur mehr entsprach. Bisweilen vermißte man auch die letzte technische Vollendung. Doch in allen Bildern Vogels erkennt man sein lebendiges Gefühl für schöne Formen, vereint mit dem zarten Effect der niederländischen Schule. Vorzüglich charakterisirt ihn das gelungene Streben nach Wahrheit in der Darstellung, und in diesem glücklichen Aufgreifen der reinen Naturform näherte er sich der schönsten Kunstzeit des 16ten Jahrhunderts. Als Mensch war Vogel einfach, bescheiden und kindlich. Nie sich hervordrängend, lehnte er mehrmals Einladungen zu glänzenden Aussichten ab.“*[100]

[100] Brockhaus Conversationslexikon, Leipzig 1826 (Anm. 33), S. 486.

Die Supraporten im Wildenfelser Schloss – Mythologische Szenen nach herkulaneischem Muster

Ein wesentlicher Grund für die Berufung des seinerzeit 21-jährigen Christian Leberecht Vogel an den Wildenfelser Hof im Herbst 1780 war der Wunsch des Grafen Friedrich Magnus I. (1743–1801), die während seines Leipziger Universitätsstudiums unter Adam Friedrich Oeser (1717–1799) gemachten Erfahrungen auf künstlerisch-ästhetischem Gebiet an seinem Herrschaftssitz in die Praxis umzusetzen, um auf diese Weise zugleich sein eigenes Herrschaftsverständnis von einem aufgeklärten Fürsten sichtbar werden zu lassen.[101] Dass er den jungen Christian Leberecht Vogel dem erfahreneren väterlichen Freund Adam Friedrich Oeser für diese Stellung vorzog, hat nichts mit einer größeren Wertschätzung der Kunst des Jüngeren zu tun – zumal sich Vogels ästhetische Überzeugungen nur unwesentlich von jener Auffassung eines empfindsamen akademischen Klassizismus unterscheiden, wie sie der Leipziger Akademiedirektor vertrat – sondern liegt in der Tatsache begründet, dass Oeser in seinem hohen Amt und den damit verbundenen Verpflichtungen nicht dauerhaft für den Wildenfelser Hof zur Verfügung stehen konnte. Der junge Vogel, der aus der Schule Schenaus in Dresden kam und zudem zum Eintritt in den Freimaurerbund[102] gewonnen werden konnte, schien deshalb als Vertreter dieser Kunstrichtung besonders für diese Funktion am Hofe Friedrich Magnus I. geeignet zu sein, zumal sich damit neben den Erwartungen für die Neugestaltung der wohnlichen Dekorationen im

---

[101] Vgl. Gerd-Helge Vogel: Christian Leberecht Vogels Wirken als Hofmaler in Wildenfels und in anderen Standesherrschaften des Westerzgebirges (1780–1804), in: Vogel/Vogel von Vogelstein 2006 (Anm. 10), S. 16-29; - Vgl. Gerd-Helge Vogel: Adam Friedrich Oeser (1717–1799) und seine Beziehungen ins Zwickauer Muldenland, in: Sächsische Heimatblätter, 50/2004/4, S. 302-315.

[102] Vogel trat am 27. Oktober 1780 – also kurz nach seinem Dienstantritt in Wildenfels – in die dortige Loge „Zum Goldenen Apfel“ ein. Vgl. Gerd-Helge Vogel: »Alchimie des Glücks« - Christian Leberecht Vogel (1759–1816) als Plafondmaler und Buchillustrator und seine Verbindungen zur Freimaurerei, in: Sächsische Heimatblätter, 51/2005/4, S. 324-348, bes. 328.

Wildenfelser Schloss auch die kunsterzieherische Aufgabe der Erteilung von Zeichenunterricht für die gräflichen Kinder verband, die sich nach der am 21. September 1773 erfolgten Eheschließung von Friedrich Magnus I. mit Caroline Sophie Wilhelmine geb. Prinzessin zu Leiningen-Dachsburg-Hartenburg (1757–1832) sukzessive einstellten.[103]

Neben dieser kunsterzieherischen Tätigkeit gehörte die dekorative Ausmalung der Schlossräume nach dem neuesten Geschmack zu den wichtigsten Obliegenheiten in Vogels Hofamt. Das betraf sowohl die Plafondmalereien in den repräsentativen Räumen der Bibliothek und der Rotunde, die zeitweilig auch der Logenarbeit dienten und eine entsprechende freimaurerische Ikonographie aufweisen[104], als auch die Supraporten die Vogel im antikischem Geschmack teils nach eigner Erfindung, teils nach Vorlagen aus Befunden vor allem aus Herculaneum *„im Alten Kinderzimmer (3), im Rödelheimer Zimmer (3), im Königsschlafzimmer (1), im Blauen Salon (2), im Großen Roten Salon (2), im Mondscheinzimmer (3) u. im Lampenzimmer (1)"*[105]anbrachte.

Dank des Plans von Friedrich Magnus V. Graf zu Solms-Wildenfels (*1.11.1886 Wildenfels, †6.9.1945 Groß-Schweidnitz), der in den 1930er Jahren ein Leberecht Vogel-Museum in Wildenfels einrichten

---

103 Das betraf in erster Linie den Zweitgeborgenen Friedrich Magnus II. (*17. 9. 1777 Wildenfels; † 18. 11. 1857 Dresden), da der Erstgeborene Karl Ludwig (*23. 8. 1774 Wildenfels, †1776) bereits vor Vogels Ankunft verstorben war. Später kamen noch die Tochter Victoria Charlotte Marianne (*16. 10. 1781 Wildenfels; †26. 5. 1822 Dresden), der Sohn Emich Otto Friedrich (*7. 12. 1794 Wildenfels, †4. 7. 1834 Berlin) und der oft am Hof seines Onkels weilende Neffe Otto Wilhelm Karl Ernst Graf von Mengden (*5. 12. 1770, †17. 4. 1811 Riga) hinzu, während die beiden früh verstorbenen jüngeren Söhne Eduard (*7. 3. 1784 Wildenfels; †10. 7. 1788 Wildenfels) und Gustav (*5. 10. 1785 Wildenfels, †15. 1. 1787 Wildenfels) wohl kaum in den Genuss von C. L. Vogels Kunsterziehungsunterricht gekommen sein dürften. Vgl. Vogel 2009 (Anm. 8), S. 90-107, bes. S. 94-97.

104 Vgl. Vogel 2005 (Anm. 102), bes. S. 329-334; - Jürgen Ecker: Zur Ikonographie der Logenplafonds von Schloss Wildenfels, in: Vogel 2009 (Anm. 11), S. 136-143.

105 O. E. Schmidt: Vogel, Christian Leberecht, in: Ulrich Thieme, Felix Becker: Allgemeines Lexikon der bildenden Künstler von der Antike bis zur Gegenwart, Bd. XXXIV, Leipzig o. J., S. 479.

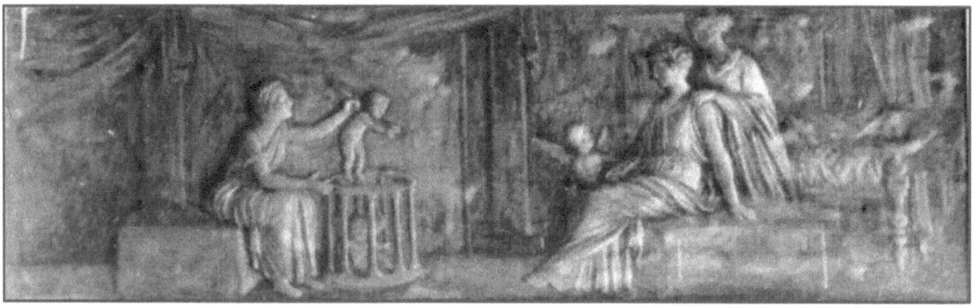

Abb. 35: Christian Leberecht Vogel: Erste Supraporte im Mondscheinzimmer (Verkauf von Liebesgöttern), Öl auf Leinwand, um 1781/82, seitenverkehrt nach einem Wandbildes in Herculaneum aus dem 1. Jh., Verlust.

wollte und deshalb 1937 den Darmstädter Maler Julius Kaufmann (*10.4.1885 Altkirch/Oberelsaß)[106] beauftragte, alle Werke des Künstlers in Wildenfels fotografisch zu dokumentieren und zu katalogisieren[107], haben wir Kenntnis u. a. von den zwei inzwischen verlorengegangenen Supraporten und einem Tondo, die sich einst im Mondscheinzimmer des Wildenfelser Schlosses befanden.

Als Themen für diese Supraporten wählte der Künstler in Verbindung mit seinem gräflichen Auftraggeber Sujets der antiken Mythologie, die – ähnlich wie im Wörlitzer Schloss (siehe Abbildung 36) und in der Villa Hamilton (siehe Abbildung 37)[108] – den publizierten Vorlagen der Malereien in Herculaneum bzw. Stabiae folgen[109], wobei genau wie dort, *„die mythologischen Bezüge* [...] *mit der Funktion und der Per-*

---

106 Vgl. Thieme/Becker, o. J. (Anm. 105), Bd. XX, S. 15.

107 Vgl. O. E. Schmidt: Vogel, Christian Leberecht, in: Thieme/Becker (Anm. 105), Bd. XXXIV, S. 478.

108 Vgl. Uwe Quilitzsch: »Es ist ganz im Styl des Herkulanum ...« (Fürst Charles Joseph de Ligne), in: Harald Meller, Jens-Arne Dieckmann (Hrsg.): Pompeji – Nola – Herculaneum. Katastrophen am Vesuv, München 2011, S. 336-344, hier bes. S. 339, 343, Abb. 5 u. 6.

109 Vgl. z. B. Jean-Baptiste-Claude-Richard de Saint-Non: Voyage Pittoresque de L'Italie. Premier Volume, Royaume de Naples, Paris 1781, Taf. 30; Jean Benjamin de la Borde: Voyage Pittoresque de l'Italie. Paris 1780; -Vgl. Diana Maria Friz: Die Augen bezaubern. Die Voyage Pittoresque in der Antikenrezeption des 18. Jahrhunderts, dargestellt an drei exemplarischen Werken der Fürstlich Waldeckschen Hofbibliothek, in: Hartmut Broszinski, Birgit Kümmel, Jürgen Wolf (Hrsg.): Antikes Leben. Ideal und Wirklichkeit. Petersberg 2009, S. 211-230, bes. S. 217-224. Ein Teil der u. a. von Fragonard, Robert u. a. berühmten frz. Künstlern gestochenen Blätter fanden sowohl bei St. Non als auch bei

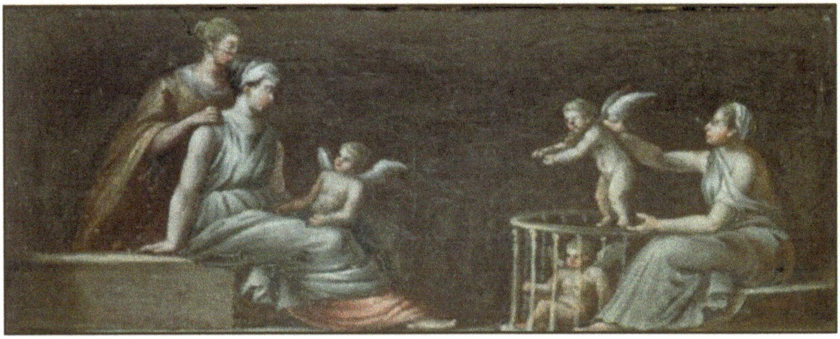

Abb. 36: Vermutlich Friedrich Wilhelm von Erdmannsdorff (1736-1800): Die Amorettenhändlerin aus Gragnano, Kopie nach „Antichitá die ercolano esposte, Kleine Wandmalerei im Schlafzimmer der Fürstin Louise im Wörlitzer Schloss.

son des [...] *Raumes verknüpft* [wurden].“[110]

Da das Mondscheinzimmer als Schlafgemach diente, fiel die Themenauswahl bezeichnenderweise auf Darstellungen, die Eros, dem Gott der Liebe, gewidmet sind. Doch ungeachtet dieser Themenwahl – mit der auf die Allmacht des schalkhaften Götterknaben gewiesen wird, der mit seinen gefährlichen Pfeilen jedermann zu besiegen vermag – folgt das Raumprogramm nicht allein der Veranschaulichung sexuellen Verlangens als ungezügelte Triebkraft der Natur, sondern begreift vielmehr die Liebe im sokratischen Sinne als *„eine gewisse psychologische Grundlage für die Erkenntnis der Wahrheit. Dem Menschen wohnt die Liebe zum wahren Wissen inne. Ohne diese Liebe würde er die Wahrheit nicht erkennen können. Der zwischen Nichtwissen und vollständigem Wissen schwebende Mensch wird vom Eros getrieben und sucht auf dialektischem Weg die Wahrheit zu erkennen.“*[111] Nach Sokrates be-

---

de la Borde Verwendung. Noch früher war aber der Stich von Giovanni Battista Nolli in „Le pitture antiche d'Ercolano, Neapel 1762, Bd. 3, Taf. 7 erschienen, der das Wandbild aus Stabiae schon kurz nach seiner Entdeckung im Jahre 1756 zeigt. Vgl. auch Fußnote 117.

110 Franziska Knoll: »Le pitture d'Ercolano« in den Räumen der Wörlitzer Gebäude, in: Harald Meller, Jens-Arne Dickmann (Hrsg.): Pompeji-Nola-Herculaneum. Katastrophen am Vesuv, München 2011, S. 363-370, hier: S. 366.

111 G. G. Schuschanaswili: Sokrates, in: Erhard Lange, Dietrich Alexander (Hrsg.): Philosophenlexikon, Berlin 1983, S. 855.

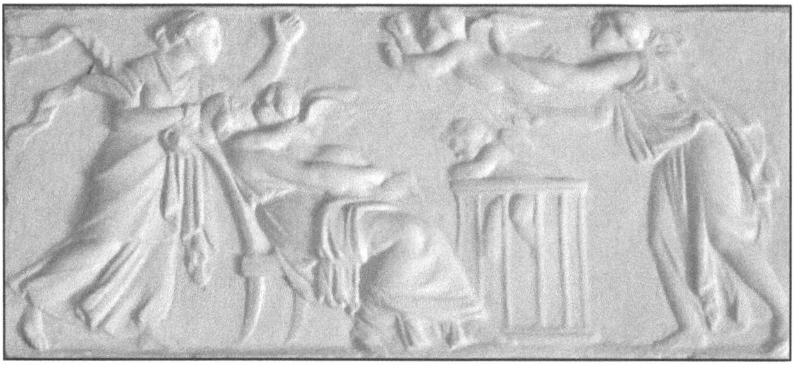

Abb. 37: Die Amorettenhändlerin aus Gragnano, Gipsrelief im Kaminzimmer der Villa Hamilton im Wörlitzer Park.

steht *„Erotik* [...] *aus der gegenseitigen Zuneigung von Lehrer und Schüler, die die gegenseitige geistige und sittl*[iche] *Förderung zum Ziele hat",* denn sie setzte voraus, dass erst *„aus der Erkenntnis der Wahrheit richtiges sittl*[iches] *Handeln notwendig folge".* Sokrates versteht also unter „[Erotik] *die Hingabe an die Ausformung der Seele und des Geistes."*[112]In dieser Hinsicht stimmten Künstler und Auftraggeber mit den intellektuellen Vorstellungen der geistigen Eliten ihrer Zeit überein, die *„das Winckelmann'sche »Wahre und Gute« der antiken Kunst"*[113] mit den eigenen sittlichen Idealen verknüpften und daher im didaktischen Gebrauch der Künste im Allgemeinen und der antiken Kunst im Besonderen eine Veredelung des Menschen durch Erziehung zur Tugend anstrebten. In der Bildprogrammatik von Bibliothek und Rotunde haben wir diese Absicht schon erkannt; sie hat auch in den Supraporten des Mondscheinzimmers und in anderen Schlossräumen ihre Grundlage, denn die Erziehung zur Tugend war ein Hauptanliegen des empfindsamen Klassizismus, das der Graf und sein Maler gemeinsam mit ihren Ausschmückungen anstrebten.

112 Ilse Becher/Günther Gurst: Eros, in: Johannes Irmscher (Hrsg.): Lexikon der Antike, Leipzig 1971, S. 162-163.

113 Vgl. Knoll 2011 (Anm. 110), S. 363, 366.

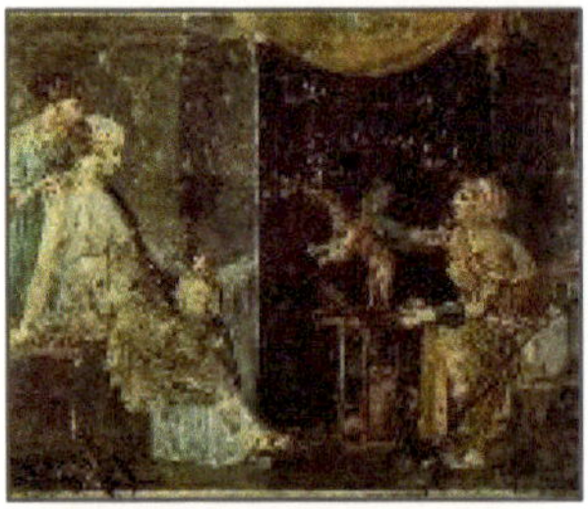

Abb. 38: Wandmalerei aus dem Herculaneum mit der Amorettenhändlerin aus Gragnano, 1. Jh. n. Chr.

Eine der Supraporten im Mondscheinzimmer, die den Titel *Der Verkauf von Liebesgöttern* (siehe Abbildung 35)[114] trägt, bezieht sich auf die Vorlage eines Wandgemäldes in Stabiae (siehe Abbildung 38),[115] das als sogenanntes „kampanisches Genre" [116] den römischen Kabinettbildern dritten Stils zuzurechnen ist und einen spielerisch-ironischen Umgang mit dem ernsten Thema Liebe erkennen lässt. Um 1780 war dieses Werk der Rhopographie oder „Kleinkrammalerei" als Stich (siehe Abbildung 39) u. a. in Saint-Nons *Voyage pittoresque ou description des royaumes de Naples et de Sicile* in Paris erschienen. Dieser Umstand erklärt aufgrund der Seitenverkehrung der Komposition, dass Vogel diesen Stich oder jenen früheren von Giovanni Battista Nolli in *Le pitture antiche d'Ercolano*, Neapel 1762, Bd. 3, Taf. VII, als Vorlage genutzt hatte. Das Thema der *Amorettenhändlerin aus Gragnano* war seinerzeit in intellektuellen Kreisen so populär, dass es zahlreich kopiert und variiert wurde – u. a. auch im Schlafzimmer der Fürstin Louise im Wörlitzer

---

[114] Vgl. Wolfgang Helbig: Untersuchungen über die campanische Wandmalerei. Leipzig 1873, S. 237 (besonders Fußnote 8 mit Hinweis auf N 824, 825); - Georg Wissowa (Hrsg.); Paulys Realencyclopädie der classischen Altertumswissenschaft. Neue Bearbeitung, Elfter Halbband. Ephoros bis Eutychos, Stuttgart 1907, Sp. 510.

[115] Das Wandbild stammt aus der Villa di Campo Verano bei Stabiae, die 1759 freigelegt und bereits 1762 in einem Stich von Giovanni Battista Nolli in „Le pitture antiche d'Ercolano, Neapel 1762, Bd. 3, Taf. 7, veröffentlicht und seither vielfach kopiert und variiert wurde. Vgl. Max Kunze (Hrsg.): Antike zwischen Klassizismus und Romantik. Die Künstlerfamilie Riepenhausen, Mainz 2001, S. 178-180, Abb. 18; - Viola Hildebrand-Schat: Zeichnung im Dienste der Kunstvermittlung. Moritz Retzschs Illustrationen als Ausdruck bürgerlichen Kunstverstehens. Würzburg 2004, S. 363; - Dietrich Gebhardt: Wer kauft Liebesgötter? Metastasen eines Motivs. Neue Abhandlungen der Akademie der Wissenschaften zu Göttingen. Philologisch-Historische Klasse. Neue Folge, Band 1, Berlin, New York 2008, bes. S. 42-53.

[116] Vgl. Ernst Pfuhl: Malerei und Zeichnungen der Griechen. II. Band, Text zweite Hälfte, München 1923, S. 853.

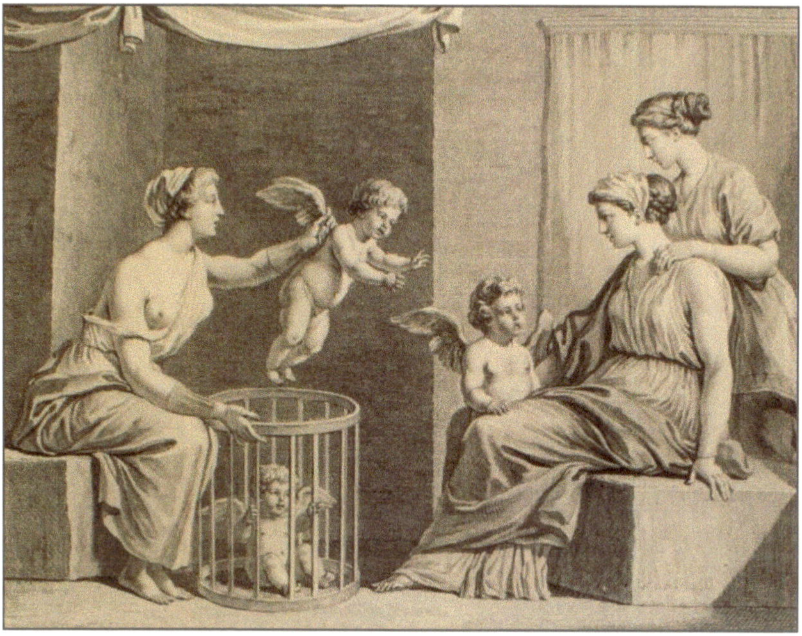

Abb. 39: **Jean-Claude Richard de Saint-Non: Voyage pittoresque ou description des Royaumes de Naples et de Sicile, Paris, 1782.**

Schloss (Abbildung 36)[117], wo es Friedrich Magnus I. womöglich kennengelernt hatte. Nicht zuletzt fand das Thema seinen Niederschlag in einem Gedicht Goethes.[118] Wir sehen auf der Darstellung Vogels, die sich verhältnismäßig eng an die Druckvorlage anlehnt, eine auf einem würfelförmigen Hocker sitzende junge Frau, die aus einem hölzernen Käfig kleine Liebesgötter an ihren Flügeln herauszieht und sie der überraschten Dame des Hauses und deren Dienerin zum Verkauf anpreist. Während einer der Amoretten noch am Boden seines Ställchens hockt scheint ein weiterer schon von der Dame Besitz ergriffen zu haben, denn mit auffordernder Geste steht er zu Füßen der poten-

---

117 Vgl. Uwe Quilitzsch: „Cest tout Herculanum!" – Herculaneum im Park von Wörlitz, in: Josef Mühlenbrock, Dieter Richter (Hrsg.): Verschüttet vom Vesuv. Die letzten Stunden von Herculaneum, Mainz 2006, S. 201-211, hier: S. 205, Abb. 5.

118 *Wer kauft Liebesgötter?* in: Johann Wolfgang von Goethe: Gedichte (Ausgabe letzter Hand), Bd. 1-4, Stuttgart, Tübingen 1827; - Gebhard 2008 (Anm. 115).

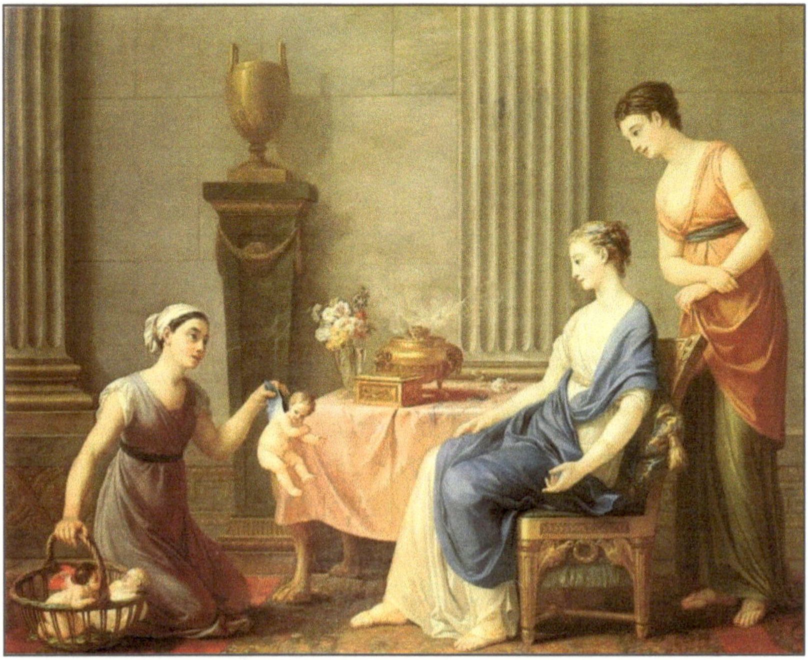

Abb. 40: Joseph-Marie Vien (1716-1809): Händlerin am Putztisch (Die Verkäuferin von Amoretten), Öl auf Leinwand, 1763.

tiellen Kundin, die er mit aufforderndem Blick zum Kauf ermuntert will. Amoretten oder Eroten, wie diese Liebesgötter genannt werden[119], gelten in der griechischen Mythologie als Söhne und Begleiter der Aphrodite (lat. Venus). Sie treten meist scharenweise auf und sind seit römisch-hellenistischer Zeit zumeist als verspielte Knäblein mit kleinen Rückenflügeln dargestellt, die aus dem Alltagsleben dieser Epoche nicht wegzudenken sind.[120] Wir begegnen ihnen in ihrem verspielten, ungebundenen Treiben bei den kuriosesten Beschäftigungen. In ihnen personifiziert sich das Liebesverlangen der Menschen

---

119 Lat. Amores, Cupidines, griech. Die Vervielfältigung des Eros in Gestalt der Amoretten ist zunächst aus der begrifflichen, nicht aus der persönlichen Auffassung des Liebesgottes hervorgegangen. Vgl. ausführlich in: Heinrich Fliedner: Amor und Cupido. Untersuchungen über den römischen Liebesgott. Meisenheim am Glan 1974.

120 Vgl. Amoretten, in: Harald Olbrich (Hrsg.): Lexikon der Kunst. Band I: A-Cim, Leipzig 1987, S. 147.

als gleichsam vervielfachter Amor. Vermutlich werden in ihnen die unterschiedlichen Wesenszüge Amors in Gestalt seiner „*triadischen Natur* [präsentiert], *die in himmlische und irdische, glückliche und unglückliche Liebe, Eros und Anteros oder ähnliche Gegensätzlichkeit und irgendeine vermittelnde Hypostase oder als die Reihe der Begierde Eros – Himeros – Pothos*" in Erscheinung treten.[121] Auch im 18. Jahrhundert erfreuten sich die Amoretten mit der Rückbesinnung auf die Antike in zahllosen scherzhaften, auf die Spätantike zurückgehenden Darstellungen größter Beliebtheit, vor allem nachdem Denis Diderot (1718–1784) in seiner Kritik „Aus dem »Salon von 1763«" die dort ausgestellte *Händlerin am Putztisch (Verkauf von Liebesgöttern/Marchande d'Amours)* (siehe Abbildung 40) von Joseph-Marie Vien (1716–1809) so überschwänglich gelobt hatte[122], dass sich zahlreiche andere Künstler zur freien Umsetzung des Sujets ermuntert fühlten. Zu ihnen zählten neben Christian Leberecht Vogel auch Angelika Kauffmann (1741–1807) oder Johann Heinrich Ramberg (1763–1840). Letzterer fertigte noch 1799 einen Farbstich zu diesem Thema an – nun allerdings als galant-satirisches Blatt – mit dem er die allzu enge Nachahmung der Antike in allen Lebensbereichen persiflierte[123], denn selbst in der Kleinplastik und im Kunstgewerbe fand das Sujet eine weite Verbreitung als Tafelaufsatz, als Plakette oder Vasendekor in Meißner Porzellan.[124]

---

121 Gebhardt 2008 (Anm. 115), S. 49.

122 Vgl. Denis Diderot: V. Vien, in: Aus dem „Salon von 1763", in: Derselbe: Ästhetische Schriften, Bd. 1, S. 441-443.

123 Noch um 1850 bediente sich Wilhelm von Kaulbach in seinem Karton „Wer kauft Liebesgötter?" dieses Sujets, das jedoch dessen erotischen Kontext deftig verschärft und statt geflügelter Liebesgötter geflügelte Penisse zum Verkauf anbietet.

124 Z. B. Christian Gottfried Jüchtzer: Der Liebesmarkt. Tafelaufsatz in 8 Teilen, 1785, Meißen, Staatliche Porzellan-Manufaktur, Inv. 19940; - Johann Daniel Schöne: Der Liebesmarkt, 1818, (Ausformung 1916), Meißner Porzellan in Wedgwood-Manier, Meißen, Porzellan-Manufaktur, Inv. 8450; - Unbekannter Künstler: Der Liebesmarkt. Schmuckstein/Medaillon als Wandschmuck, Porzellan, Meißen, Staatliche Porzellan-Manufaktur, Inv. 20182; - Vgl.: Dieter Richter: Herculaneum im Norden. Die Ausgrabungen als europäisches Ereignis, in: Josef Mühlenbrock, Dieter Richter (Hrsg.): Verschüttet vom Vesuv. Die

Vogels Rezeption der Vorlage aus Stabiae folgte jedoch dem ernsthaften Verlangen, antikes Lebensgefühl in seiner Gegenwart zu neuem Leben zu erwecken. Damit sollten nicht allein die Banalitäten des Alltags durch historische Transformation veredelt, sondern zugleich ethisch-moralische Grundsätze der alten Philosophen aktualisiert werden, um mit deren Vorbild didaktisch auf die Formung des Menschen zu wirken; ein sozialutopischer Anspruch der Aufklärungsideologie, der, wie wir wissen, nicht eingelöst werden konnte. Vor diesem Hintergrund diente die Rezeption der antiken Vorlage der Sichtbarmachung eines ikonographischen Programms, dass mit der Darstellung des *Verkaufs von Liebesgöttern* auf der einen Seite und dem *Siegreichen, fackeltragenden Amor, der im Greifengespann des Apollo seine Geliebte Psyche triumphierend Heim führt* (siehe Abbildung 41) auf der anderen der Idee der Abwägung zwischen zwei gegensätzlichen Handlungsprinzipien deutlich macht, die zur rechten sittlichen Entscheidung führen soll, vergleichbar jener Wahl in der griechischen Mythologie, die Herkules am Scheideweg zu treffen hatte, wo er zwischen einem mühelosen, kurzfristiges Glück versprechendem, aber moralisch verwerflichen Lebenswandel und einem beschwerlichen, doch tugendhaften und langfristig beglückenden Lebensweg entscheiden musste. In den Supraporten des Mondscheinzimmers wird dieser Gegensatz zwischen triebhafter und tugendhafter Liebe thematisiert. Insofern verdeutlicht der *Verkauf der Liebesgötter* in seiner freizügig-frivolen Auffassung von (käuflicher) Liebe, die ihren Trieben folgt, in seiner Sinngebung der ursprünglichen mythologischen Bedeutung der hier dargestellten Amoretten bzw. Eroten, denn sie erweisen sich als *„Kinder der Venus oder verliebter Nymphen* [und treten in der] *spielenden Schaar munterer jugendlicher Brüder* [des Amor in] *gleicher Gestalt, Tracht und Bewaffnung [auf]"*[125], um sogar die Götter zu bezwingen und den von ihren Pfeilen Getroffenen nicht nur Freu-

letzten Stunden von Herculaneum, Mainz 2006, S. 182-186, bes. S. 194; außerdem S. 334-335, Kat.-Nr. 9. 11 – 9. 13.

125 Minckwitz 1856 (Anm. 23), S. 47.

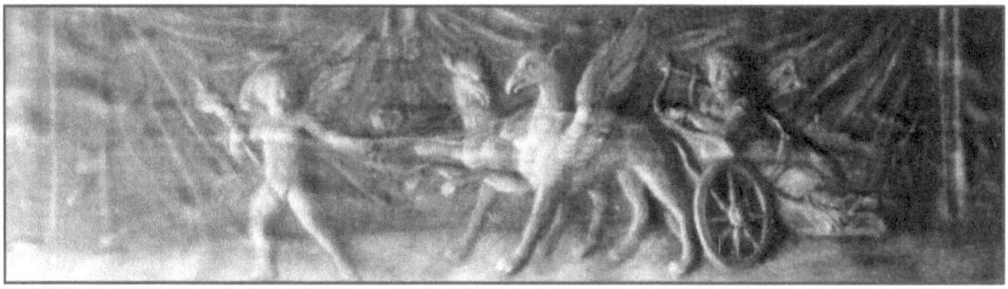

Abb. 41: Christian Leberecht Vogel (1759-1816): Der siegreiche, fackeltragende Amor, der im Greifengespann des Apollo seine Geliebte Psyche triumphierend Heim führt, um 1781/82, Herculanische Wandmalerei im Mondscheinzimmer des Wildenfelser Schlosses.

den, sondern auch Schmerzen zu bereiten! Als ungezügelte, unbesiegbare Helden verkörpern sie die Allmacht der Triebe der Natur, die in Zeiten des Renaissancehumanismus meist mit irdischer Liebe umschrieben wurde, die der himmlischen entgegengesetzt sei, deren Wesen auf das Geistige, dem Drang nach Erkenntnis, durch Zügelung dieser Triebe zielt![126]

So begegnen wir in der zweiten Supraporte des Mondscheinzimmers mit dem *Siegreichen, fackeltragenden Amor, der im Greifengespann des Apollo seine Geliebte Psyche triumphierend Heim führt,* (siehe Abbildung 41) den von Platon eingeführten dialektischen Gegensatz zur geschlechtlichen Liebe in ihrer wilden Zügellosigkeit: die Allegorie einer geistig sublimierten Liebe, in *„der Eros zum Vermittler zwischen sinnlicher und geistig-ewiger Welt"*[127] wird, denn nach Platon ist *„unter den Göttern Eros der älteste und edelste und mächtigste* [...], *wenn es darum geht, den Menschen zum Erwerbe der Tugend und Glückseligkeit im Leben wie nach dem Tode zu verhelfen"*.[128] Das Motiv ist ebenfalls in Seitenverkehrung einer campanischen Wandmalerei entlehnt, die sich

[126] Vgl. Tizian: Himmlische und irdische Liebe, ca. 1512, Öl/Lw,118 x 279 cm, Galleria Borghese, Rom

[127] Michael Elser u. a.: Eros, in: Enzyklopädie der Philosophie von der Antike bis zur Gegenwart. Denker und Philosophen, Begriffe und Probleme, Theorien und Schulen. Augsburg 1992, S. 104.

[128] Platon: Das Gastmahl oder von der Liebe (Originaltitel: ΣΥΜΠΟΣΙΟΝ). Leipzig 1981 (Reclams Universal-bibliothek Band 927; 4. Aufl.), S. 14 (7. [179B-180B]).

heute im Museo Archaeologico Nacionale in Neapel befindet.[129] Auch hier ist das Thema spielerisch behandelt wie in den meisten Darstellungen des Amor/Eros/Cupido in der pompejanisch-herkulaneischen Wandmalerei der dritten Stilstufe, die der frühen Kaiserzeit zugerechnet wird.[130] Wir finden in dieser Supraporte den triumphierenden nackten Amorknaben mit seinem Attribut der Fackel – Sinnbild der brennenden Leidenschaft, die die Liebe erzeugt – als Führer des Greifenwagens, den er von Apollo entliehen hat, um seine Geliebte Psyche mit Kithara und Schmetterlingsflügeln zu sich in seinen Palast zu holen, nachdem sie auf dem Olymp schlussendlich von Zeus nach all ihren durch Aphrodite verursachten Qualen vom Götterkönig unter die Unsterblichen aufgenommen worden war. Der Triumphzug bezieht sich auf eine Szene, die unmittelbar dem Ende des antiken Märchens von *Amor und Psyche* folgt, das Apuleius aus der numidischen Kleinstadt Maudaura mit dem Satz enden ließ: *„So kam Psyche in allen Ehren in die eheliche Gewalt Amors, und als die Frucht ihres Leibes herangereift war, wurde ihnen beiden eine Tochter geboren, die wir 'Freude'[131] nennen"*. [132]

Mit dem von Amor geführten Gespann der sagenhaften Hippogryphen, jenen aus Ross und Adler zusammengesetzten Mischwesen der orientalischen Mythologie, und mit der Kithara bzw. Lyra – jenem Saiteninstrument, das Apollon, dem Gott des Lichtes, der Weissagung, des Gesetzes, der Ordnung und Klarheit, aber auch des geistigen Lebens und der Künste, heilig war - ergibt sich eine ikonographische Verknüpfung mit dem olympischen Gott, der für den Schutz der ge-

---

129 Inv. Nr. 9178, vgl. Lexicon Iconographicum Mythologiae Classicae, Bd. 3, 2, Zürich, München 1986, S. 717, Nr. 573.

130 Vgl. Stichwort: Eros, in: Paulys Realencyclopädie der classischen Altertumswissenschaft. Neue Bearbeitung. Elfter Halbband. Ephoros bis Eutychos, Stuttgart 1907, S. 484-542, hier S. 511.

131 Griechisch: Hedone (Freude, Vergnügen); lat. Voluptas (Lust, Lebenslust, im Mittelalter sexuelle Lust, Wollust als eine der sieben Todsünden).

132 Apuleius: Amor und Psyche (Deutsch von Arno Mauersberger), Leipzig 1949, S. 78 (Sammlung Dietrich, Band 55).

samten Zivilisation der Menschen verantwortlich zeichnet. Amors triumphaler Zug des Heimholens seiner Gattin mit dem Gespann der Adler- bzw. Rossgreife des Apollo verweist auf *„die ionische Sage von den Hyperboreern im Zusammenhang mit seiner Lokalisierung im fernen Norden* [wo die der Sonne dienstbaren Tiere] *als Hüter von Goldschätzen“* [133] fungierten“. Mit diesem hyperboräischen Mythos verbanden die alten Griechen in nacharchaischer Zeit die sozialutopische Vorstellung eines Landes der Glückseligkeit, welches einem irdischen Paradiese gleichkam. Infolgedessen glich diese Auffassung in vielerlei Hinsicht der Utopie vom saturnischen Reich während des Goldenen Zeitalters. Um 300 v. Chr. hatte der griechische Philosoph, Geograph und Geschichtsschreiber Hekataios von Abdera einen Roman über die Hyperboreer (*Peri Hyperboreion*) geschrieben, dessen Text jedoch verlorenging. Dort schilderte er das gute Leben dieses sagenhaften Volkes, das er weit im Norden – jenseits des Reichs der Skythen – lokalisierte und dessen paradiesischen Zustände ihm als utopisches Modell dienten. Von anderen Autoren – unter ihnen der Geschichtsschreiber Herodot (490/480–424 v. Chr.) [134] oder der römische Staatsbeamte und Offizier Plinius der Ältere (23/24–79 n. Chr.) – berichten ausführlich in ihren Schriften über diese Utopie. So schildert Caius Plinius Secundus Maior in seiner *Naturgeschichte*:

> *„Ein glückliches, durch viele an das Fabelhafte grenzende Wunderdinge berühmtes Volk, die Hyperboräer. Dort sollen sich die Angeln der Welt befinden, die Gestirne ihren äussersten Umlauf halten, dort soll die Sonne ein halbes Jahr lang scheinen und nur einen Tag verborgen sein.* [...] *Es ist ein sonniges Land, hat ein glückliches Klima und ist frei von allen schädlichen Winden. Wälder und Haine sind ihre Wohnungen;* [...] *alle Zwietracht ist ihnen unbekannt. Sie sterben nur, wenn sie des Lebens müde sind, und die Alten stürzen sich, wenn sie geschmaust und in Luxus geschwelgt haben, von einem Felsen vergnügt in das Meer. Dies*

133 Vgl. Stichwort Apollon, in: Lexicon Iconographicum Mythologiae Classicae, Bd. II, 1, Zürich, München 1984, S. 229.

134 Vgl. Herodot: Das Geschichtswerk, Viertes Buch, Kapitel 13.

ist wohl die glücklichste Art des Begräbnisses. [...] *Die Existenz dieses Volkes ist nicht zu bezweifeln, da so viele Schriftsteller berichten, dass es die Erstlinge der Früchte dem Apollo, den sie vorzüglich verehren, nach Delos zu schicken pflegt.* [...].“[135]

Herodot liefert in seinem Bericht von der angeblichen Reise des antiken griechischen Dichters und Magiers Aristeas von Prokonnesos (7. Jh. v. Chr.) in die nördlich des Schwarzen Meeres gelegenen Länder den mythologischen Hintergrund für die Verbindung dieses Glückslandes mit Phoibos Apoll und den *„goldhütenden Greifen“*[136], jenen wilden Kreaturen, die als Wächter des Guten alles Böse abschrecken, auf denen der Lichtgott mit rasender Geschwindigkeit gleich wie mit dem Musenross Pegasus die Luft zu durchschneiden vermochte, um auf der Welt für Gesetz und Ordnung zu sorgen.
Indem sich Amor für den Brautzug seiner Psyche des Gespanns der apollonischen Adlergreifen bedient, wird mit deren Darstellung auf den Assoziationsstrang des hyperboräischen Glückslandes als einer Variante des saturnischen Reiches auch im Schlafgemach des Grafenpaares gewiesen, so dass sich dessen utopische Programmatik im Wesentlichen mit der Ikonographie der sonstigen Bildfolgen Vogels in den Raumausstattungen des Wildenfelser Schlosses decken. Das be trifft nicht allein den *Bibliothekssaal* und die *Rotunde*, sondern ebenso den *Blauen Salon* mit den Supraporten von spielenden Putti, die mit Blumenkränzen und Füllhorn spielen (siehe Abbildung 42, 43) oder jenen im *Königsschlafzimmer*, die einander liebkosende Kinder (siehe Abbildung 44) zeigen. Es sind dies die Kinder des Eros und der Psyche, die nicht allein die zeugende und bildende Kraft der Natur symbolisieren, sondern ebenso die formende Kraft des Geistes und der Seele. Als leibliche Früchte von Amor und Psyche – der Verbindung der Seele

135 Lenelotte Möller, Manuel Vogel (Hrsg.): Die Naturgeschichte des Caius Plinius Secundus,Bd. 1, Wiesbaden S. 287-288 (Viertes Buch, S. 334-335).

136 Jürgen Werner, Walter Hofmann (Hrsg.): Herodot. Das Geschichtswerk, Erster Band, Berlin, Weimar 1967, S. 284 (Bibliothek der Antike. Griechische Reihe)

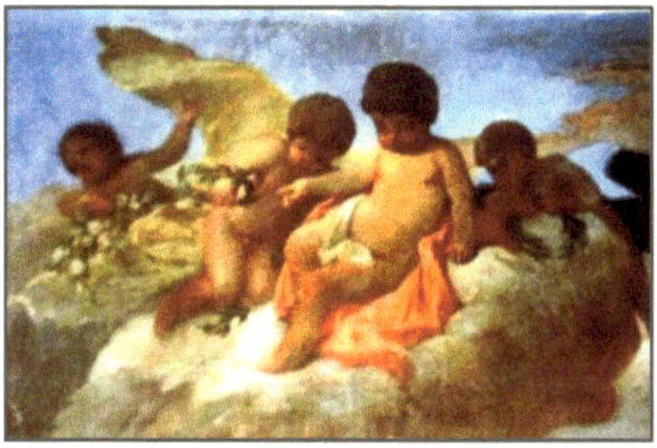 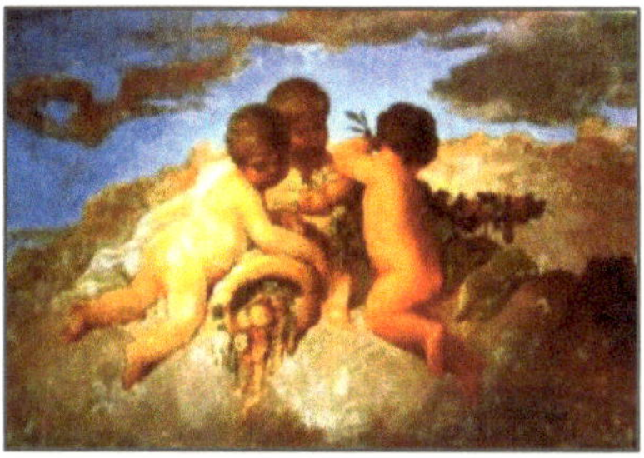

Abb. 42 und 43: Christian Leberecht Vogel: Putten auf einer Wolkenbank. Supraporten im Blauen Salon von Schloss Wildenfels.

mit dem Göttlichen - bezeichnen sie in jedem Fall die *'Freude'*, die griechisch *Hedone* und lateinisch *Voluptas* genannt wird. Damit tritt die *'Freude'* als Spenderin von Lebenslust im Allgemeinen und von sexueller Lust im Besonderen auf. Im erweiterten Sinne einer geistigen Sublimierung versteht sich diese *'Freude'* sowohl als glückhaftes Empfinden über den genealogischen Nachwuchs des gräflichen Paares als auch über die geistigen Erzeugnisse kreativen Schaffens, die am gräflichen Musenhofe unter Vogels Leitung auf literarischem oder bildkünstlerischem Gebiet im kunstbeflissenen Kreis der Familie Solms entstanden. Aus den Resultaten beider Formen der Liebe ergibt sich die *'Freude'*. Himmlische und irdische Liebe wurden so in harmonischen Einklang zueinander gebracht.

Ein drittes Wandbild im Mondscheinzimmer - ein Tondo zwischen den Fenstern - ergänzt die herculaneischen Motive von *Amorettenverkäuferin* (siehe Abbildung 35) und *Triumphierenden Amor mit Greifengespann* (siehe Abbildung 41). Aufgrund des schlechten Erhaltungszustandes lässt sich seine Thematik nur schwer bestimmen. Selbst wenn sich bislang noch keine Vorlage in der herculaneischen Wandmalerei dafür nachweisen ließ, ist das Bild doch diesem ästhetischen Kontext zuzuordnen. Hier rupfen auf grausamste Weise zwei kleine Eroten einem Schmetterling die Flügel heraus (siehe Abbildung 45). Da bislang die zugehörige historische Vorlage noch nicht gefunden wurde, kann nur vermutet werden, dass uns Vogel eine Bildallegorie im antiken Gewande zeigt, in der er die Wechselfälle und Qualen der

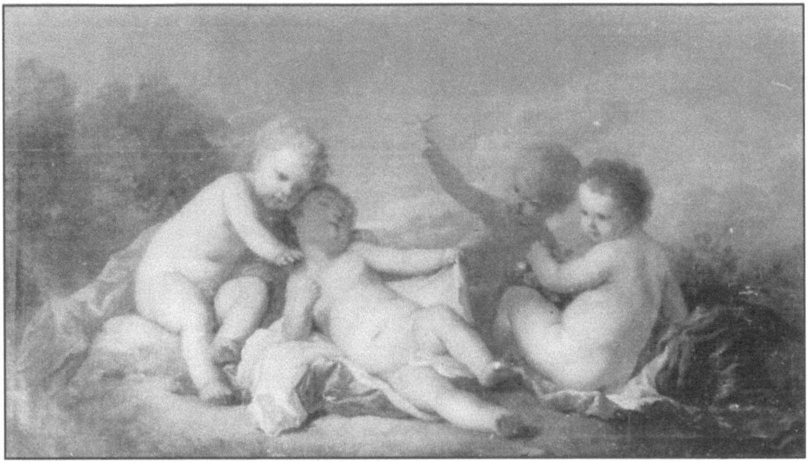

Abb. 44: Christian Leberecht Vogel: Einander liebkosende und mit einem Vögelchen spielende Kinder (Sinnbild der Liebe?), Supraporte im Königsschlafzimmer von Schloss Wildenfels.

Liebe sichtbar zu machen sucht: nämlich das unheilvolle Wirken der Liebe auf die Seele – den beständigen Kampf zwischen Eros, der Liebe, und Anteros, der Gegenliebe.[137] Dieses Thema wurde *„in der bildenden Kunst auf mannigfachste Weise* [durch] *die Vorstellung von der durch E*[ros] gequälten *oder dann in Liebe mit ihm vereinten Psyche ausgesprochen"*.[138] Namentlich war dies auch im Dresdner Kunstkreis um 1800 der Fall, als z. B. der aus Stuttgart stammende Ferdinand Hartmann (1874–1842) im Jahre 1803 sein unter dem Einfluss Philipp Otto Runges (1777–1810) entstandenes Gemälde *Eros und Anteros* fertigte.[139] Vogel nun rundete mit seiner dritten Darstellung im

---

[137] Stichwort Eros in (Anm. 130), S. 532. Nach der Mythologie bewirken Amors Pfeile mit goldenen Spitzen die Entfachung der Leidenschaft während jene mit bleierner Spitze diese tötet. Allein Anteros, die Gegenliebe, macht eine beiderseitige Erfüllung der Liebenden möglich.

[138] Vgl. Helbig 1873 (Anm. 114), S. 243, N. 854 bezieht sich auf ein herculanisches Wandgemälde mit der Darstellung der Peinigung der Psyche durch Eros, dessen Aussehen ich aber bislang noch nicht eruieren konnte.

[139] Die Komposition erschien auch als kolorierter Kupferstich in: Allgemeine Literatur-Zeitung vom Jahre 1803. Vierter Band, October, November, December, Jena 1803, Frontispiz, vgl.: Klassik Stiftung Weimar (Hrsg.): Ereignis Weimar. Anna Amalia, Carl August und das Entstehen der Klassik 1757-1807. Weimar 2007, S. 170, Abb. 132.

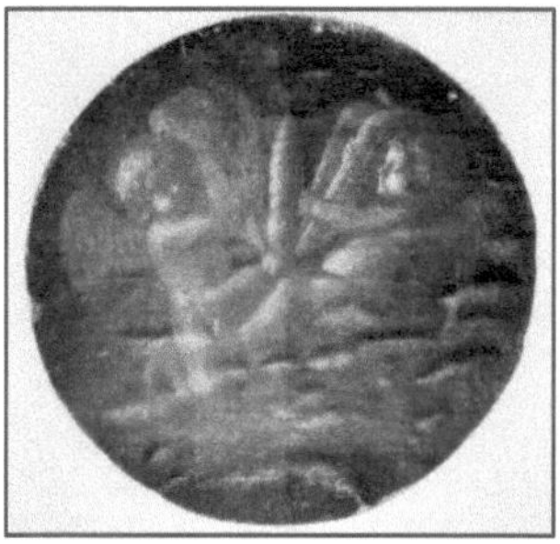

Abb. 45: Christian Leberecht Vogel: Putten mit Schmetterling, Supraporte im Mondscheinzimmer.

Mondscheinzimmer das komplexe Thema der Liebe ab, indem er auf *„die triadische Natur Amors"*[140] in ihrer dialektischen Vielfalt und Widersprüchlichkeit von *„himmlischer und irdischer, glücklicher und unglücklicher Liebe"* weist. Neben Eros (griech. begehrliche Liebe) und Anteros (griech. Gegenliebe) bestimmen der Sehnsuchtsgott Himeros, der Ehestifter Hymen, der Verlangensgott Pothos, der Scherzgott Jocus, der Weingott Bacchus sowie die Glücksgöttin Fortuna und die Überredungsgöttin Peitho die unterschiedlichen Wirkungen der Liebe, denn als die ewigen Begleiter des Amor machen sie durchaus ihren jeweils spezifischen Einfluss auf die Liebe geltend.[141]

Schließlich begegnen uns im *Roten Salon* (siehe Abbildung 46, 47) wie im *Rödelheimer Zimmer* (siehe Abbildung 48-50) noch einmal die Darstellungen von Amor und Amoretten, die mit Blumengirlanden, dem Thyrsosstab, mit Peitsche, Netz und ähnlichen Attributen des Liebesgottes auf ihren Wolkenbänken spielen, um das in den anderen Räumen angeschlagene Thema der Liebe weiter zu variieren. Vor allem der mit Weinreben und/oder Efeu bekränzte Thyrsosstab (lat. Thyrsus), der oft in einem Pinienzapfen ausläuft, steht in enger Verbindung zum Kult des Dionysos/Bacchus, denn in dessen Gefolge nutzten ihn die Begleiter des Weingottes – die Mänaden und auch Eros – als Waffe. Zugleich signalisierte der Thyrsusstab in den Händen Amors dessen enge Verbindung zu Bacchus, dem göttlichen Freudenspender, der, ähnlich wie der Musenfürst Apoll, *„die Künste mit dem praktischen Leben* [verknüpfte und] *die Dichter mit dem Hauche poetischer Begeisterung* [beseelte], *indem er ihnen eine über die nüchterne Vernunft er-*

[140] Vgl. Gebhardt 2008 (Anm. 115), S. 49.
[141] Vgl. Minckwitz 1856, (Anm. 23) S. 47.

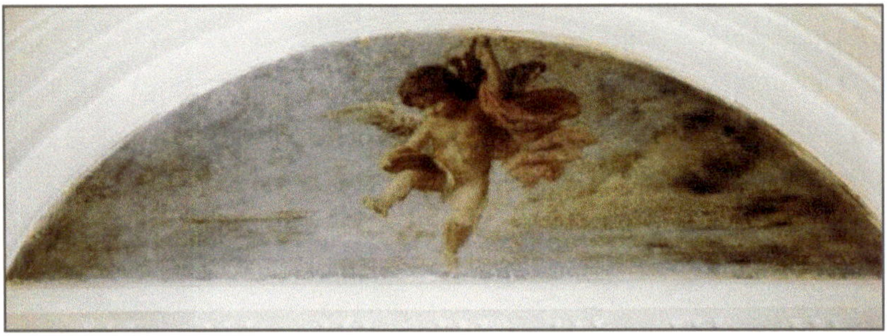

Abb. 46: Christian Leberecht Vogel: Amor mit Netz, Supraporte im Roten Salon.

höhte Stimmung verlieh, einen süssen Wahnsinn, welchem Euripides prophetische Gabe und Seherkunst beizumessen wagte".[142] Und wiederum wird dergestalt auf die geistige Schöpferkraft des Amor gewiesen, denn mit Bacchus Hilfe ließen sich „*die geistigen Genüsse der Menschen steiger*[n]", war doch der Gipfel des Parnassus nicht allein dem Sitz der Musen vorbehalten, sondern ebenso Hauptort wilder Bacchusfeiern![143] In dieser polaren Konstellation artikuliert sich das Prinzip des Apollinischen und des Dionysischen als die zwei fundamentalen Weltenhaltungen: dem Streben nach ihrer Beherrschung in klarer, vernunftbetonter Ordnung und die rauschhafte Hingabe an das Werden.

In Vogels ikonographischem Programm zur malerischen Ausgestaltung des Wildenfelser Schlosses werden diese scheinbaren Gegensätze als die beiden natürlichen Seiten eines dialektischen Weltverständnisses harmonisch miteinander vereint. Zugleich reflektiert sich in dieser Komplexität die sozialutopische Idee von Amor/Eros als jenem Lust- und Freudenspender, der die Grundlage allen Glücks und Erfüllung verheißt. In seinem widersprüchlichen Wirken artikuliert sich ein Zeichen der Hoffnung auf eine bessere Welt, deren Ideale in den alten griechischen Mythen vom Goldenen Zeitalter wurzeln, sei es in den Idyllen vom Hirtenleben, wo der Mensch in bukolischer Ein-

---

[142] Minckwitz 1856 (Anm. 23); S. 100.
[143] Ebenda.

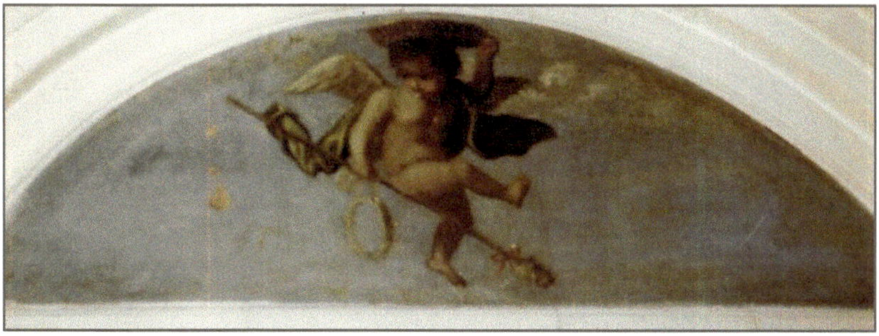

Abb. 47: Christian Leberecht Vogel: Amor mit Thyrsosstab, Supraporte im Roten Salon.

tracht mit der Natur sein Leben genießt oder sei es in den Auffassungen von Ländern und Reichen der Glückseligkeit, in der menschliches Leben Friede, Freude und Erfüllung findet. Dabei werden die alten Mythen vom Ideal eines von Saturn beherrschten Reiches oder vom Land der Hypoboreer im hohen Norden zu neuem Leben erweckt, um mit ihrer Aktualisierung ein Wunschbild für die damalige Gegenwart zu kreieren, von dem man glaubte, dass es als moralisches Leitbild zu einer besseren Zukunft führe, die den mannigfaltigen Bedürfnissen von Leib, Geist und Seele gerecht zu werden verspricht. Die ewige Sehnsucht des Menschen nach genussfreudiger Zufriedenheit findet in diesem Kontext in Amor – also in der Liebe als Movens aller das Leben betreffenden Dinge – ihren entscheidenden Faktor im aufklärerischen Bemühen um eine Verbesserung der Welt. Dieser aus der heidnischen Mythologie übernommene Grundgedanke steht in vollem Einklang sowohl mit den pietistisch-christlichen Überzeugungen der Nächstenliebe als auch mit den freimaurerischen Vorstellungen von der beständigen Selbstveredelung durch Selbsterziehung, wie sie am Wildenfelser Hof von Friedrich Magnus I. und seinem Gefolge praktiziert wurden. Christian Leberecht Vogel fungierte dabei als der künstlerische Übersetzer dieser Grundsätze in ein geeignetes visuelles Medium, das in Gestalt der Wand- und Plafonds-Malerei in den neugestalteten Schlossräumen die humanistische Gesinnung des Wildenfelser Hofes allgegenwärtig präsentierte. Insofern folgt die empfindsame

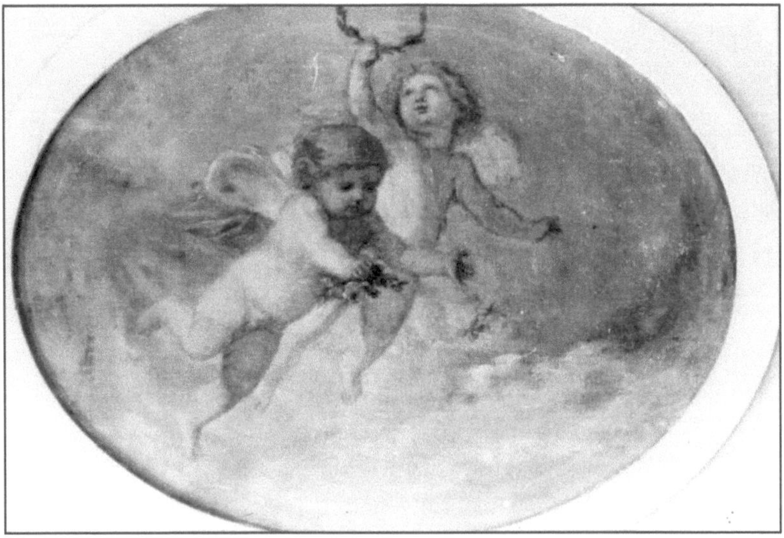

Abb. 48: Christian Leberecht Vogel: Tanzende Amoretten (?), Supraporte im Rödelheimer Zimmer.

Historienmalerei des Christian Leberecht Vogel durchaus den ästhetischen Grundsätzen, die Christian Ludwig von Hagedorn in seinen „Betrachtungen über die Mahlerey" zur Beherzigung bei der Ausübung ihrer Kunst empfiehlt: *„Empfinden? – Dieses ist vielleicht das bescheidene Loos der eigentlichen Gelehrsamkeit? – Ich wollte wünschen, daß sie die Empfindung niemals ersticket hätte. Vereinbaret dienen sich beyde einander zur Ausschmückung. Bey Beobachtung der Gemählde ist der mit den Wesentlichen der Kunst beschäftigte Verstand insgemein der wahre Vertraute des Herzens. Mit dessen Zuziehung unterredet er sich gleichsam in der Stille mit der Natur, und bey diesem Gefühle, das durch die siegende Schönheit der Kunst erweckt wird, glaube ich, daß ein ungelehrter Kenner, der eine Psyche für eine Venus, oder einen Schmetterling für einen blossen Schmetterling, ansiehet, oft die Mahlerey freudiger und besser geniesse, als derjenige, der in diesem Schmetterlinge und in der reizenden Psyche nur die menschliche Seele, und wer weis was für gelehrte Geheimnisse entdecket."*[144]

---

[144] Christian Ludwig von Hagedorn: Betrachtungen über die Mahlerey. Erster Theil. Leipzig 1762, S. XIII-XIV.

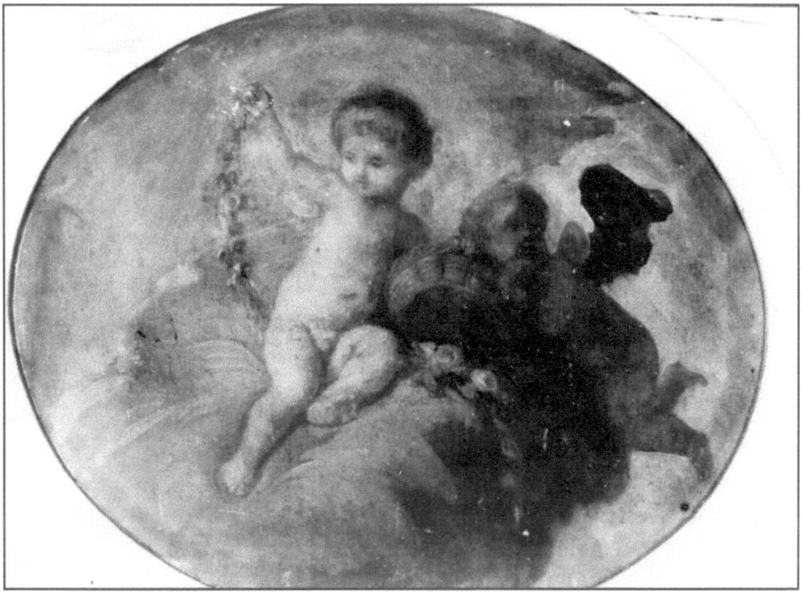

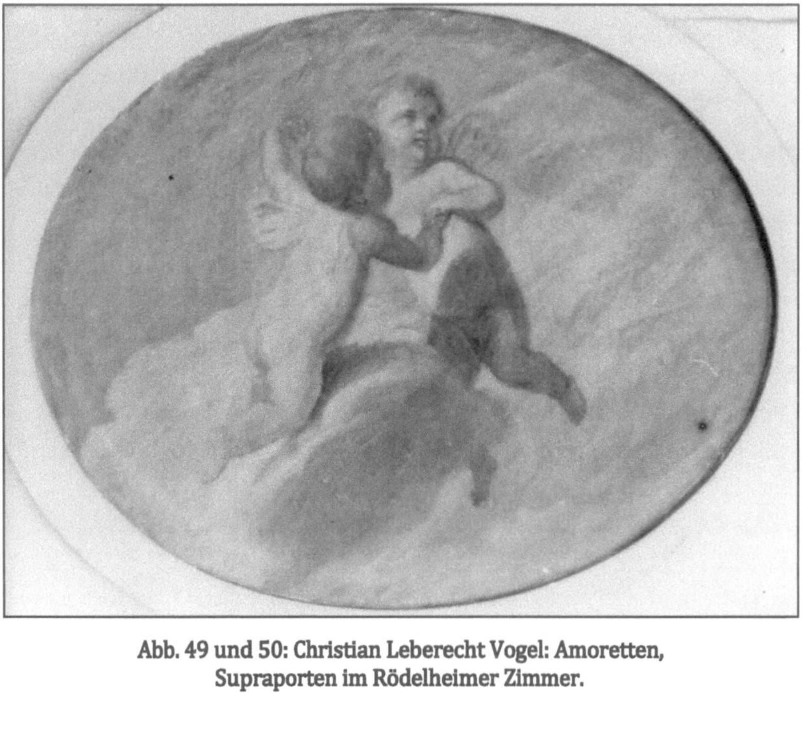

Abb. 49 und 50: Christian Leberecht Vogel: Amoretten, Supraporten im Rödelheimer Zimmer.

Literaturverzeichnis

Baden, Torkel (Hrsg.): Briefe über die Kunst von und an Christian Ludwig von Hagedorn, hrsg. von Torkel Baden, Leipzig 1797.

Bailey, Colin B.: The Loves oft he Gods. Mythological Painting from Watteau to David. New York 1992.

Bauer, Wolfgang (u. a.): Lexikon der Symbole, Wiesbaden 1996

Becher, Ilse/Gurst, Günther: Eros, in: Johannes Irmscher (Hrsg.): Lexikon der Antike, Leipzig 1971.

Becker, Karl Wolfgang: Nachwort, in: Christian Fürchtegott Gellert: Fabeln und Erzählungen, Leipzig 1967.

Broszinski, Hartmut (Hrsg. u. a.): Antikes Leben. Ideal und Wirklichkeit. Petersberg 2009.

Clodius, Christian August: Scipio. Der neuen vermischten Schriften von Christian August Clodius zweyter Theil. Leipzig 1780.

Elser, Michael (u. a.): Eros, in: Enzyklopädie der Philosophie von der Antike bis zur Gegenwart. Denker und Philosophen, Begriffe und Probleme, Theorien und Schulen. Augsburg 1992.

Fliedner, Heinrich: Amor und Cupido. Untersuchungen über den römischen Liebesgott. Meisenheim am Glan 1974.

Garber, Klaus: Der locus amoenus und der locus terribilis. Bild und Funktion in der deutschen Schäfer- und Landlebendichtung des 17. Jahrhunderts. Köln, Wien 1974.

Gebhardt, Dietrich: Wer kauft Liebesgötter? Metastasen eines Motivs. Neue Abhandlungen der Akademie der Wissenschaften zu Göttingen. Philologisch-Historische Klasse. Neue Folge, Band 1, Berlin, New York 2008.

Gröning, Maren & Sternath, Marie Luise: Die deutschen und Schweizer Zeichnungen des späten 18. Jahrhunderts. Beschreibender Katalog der Handzeichnungen in der Graphischen Sammlung Albertina, hrsg. von Konrad Oberhuber, Band IX, Wien, Köln, Weimar 1997.

von Hagedorn, Christian Ludwig: Betrachtungen über die Mahlerei. Erster Theil. Leipzig 1762.

Hahn, Karl: Ewald von Kleist in Zwickau und Wildenfels 1758 und 1759, in: Neues Archiv für sächsische Geschichte und Altertumskunde, Bd. 32, Dresden 1921.

Hahn, Karl: Ein gräflicher Student in Leipzig 1761 bis 1763, in: Alt Zwickau. Beilage zur Zwickauer Zeitung. Zwickau 1922, Nr. 3 und 4, S. 9-15.

Helbig, Wolfgang: Untersuchungen über die campanische Wandmalerei. Leipzig 1873.

Hildebrand-Schat, Viola: Zeichnung im Dienste der Kunstvermittlung. Moritz Retzschs Illustrationen als Ausdruck bürgerlichen Kunstverstehens. Würzburg 2004

Hirzel, Hans Kaspar: Die Lustfahrt auf dem Zürcher-See, mit Klopstock den 30.Jun. 1750, in: Helvetischer Calender fürs Jahr 1796. Zürich 1796.

Hogarth, William: Analysis of Beauty, Plate I, London 1753.

Herzog August Bibliothek Wolfenbüttel (Hrsg.): Maler und Dichter der Idylle. Salomon Gessner 1730–1788, Wolfenbüttel 1982.

Ignasiak, Detlef: Regenten-Tafeln Thüringischer Fürstenhäuser. Mit einer Einführung in die Geschichte der Dynastien in Thüringen, Jena 1996.

Winckelmann, Johann Joachim: Gedanken über die Nachahmung der griechischen Werke in der Malerei und Bildhauerkunst, in: Helmut Holtzhauer (Hrsg.): Winckelmanns Werke in einem Band. Berlin, Weimar 1969.

John, Timo: Adam Friedrich Oeser (1717-1799). Studie über einen Künstler der Empfindsamkeit. Beucha 2001.

Keller, Heinrich: Nachrichten von allen in Dresden lebenden Künstlern. Gesammelt und herausgegeben von Heinrich Keller, Leipzig 1788.

Koberstein, Karl: Der Dichter des Frühlings, in: Paul Lindau (Hrsg.): Nord und Süd. Eine deutsche Monatsschrift. Breslau 1881.

Krüger, Renate: Das Zeitalter der Empfindsamkeit. Kunst und Kultur des späten 18. Jahrhunderts in Deutschland. Leipzig 1972.

Lange, Erhard (Hrsg. u. a.): Philosophenlexikon, Berlin 1983.

Lütteken, Annett: Distanz durch Nähe – Goethe (v)erkennt Gessner, in: Bernhard von Waldkirch (Hrsg.): Idyllen in gesperrter Landschaft. Zeichnungen und Gouachen von Salomon Gessner, Zürich, München 2010

Marx, Harald (Hrsg.): Gemäldegalerie Alte Meister Dresden. Band I und II. Die ausgestellten Werke. Köln 2005

Meller, Harald (Hrsg. u. a.): Pompeji – Nola – Herculaneum. Katastrophen am Vesuv, München 2011.

Möller, Lenelotte (Hrsg. u. a.): Die Naturgeschichte des Caius Plinius Secundus, Bd. 1, Wiesbaden 2007.

Minckwitz, Johannes: Illustrirtes Taschenwörterbuch der Mythologie aller Völker. Zweite Auflage. Leipzig 1856.

Mörikofer, J. C.: Klopstock in Zürich im Jahre 1750–1751. Zürich, Frauenfeld 1851

Mühlenbrock, Josef (Hrsg. u. a.): Verschüttet vom Vesuv. Die letzten Stunden von Herculaneum, Mainz 2006.

Panofsky, Erwin: Sinn und Deutung in der bildenden Kunst (Meaning in the Visual Arts). Nachdruck der Ausgabe Köln, DuMont, 1978. Köln 1996.

Pfuhl, Ernst: Malerei und Zeichnungen der Griechen. II. Band, Text zweite Hälfte, München 1923.

[**Reussmann, Johann Gottfried**]: Lebensbeschreibung des Heiligen Römischen Reichs Grafen Friedrich Ludwig v. Solms. zu Tecklenburg. Leipzig 1795.

Prochno, Renate: Joshua Reynolds. Weinheim 1990.

de Saint-Non, Jean-Baptiste-Claude-Richard: Voyage Pittoresque de L'Italie. Premier Volume, Royaume de Naples, Paris 1781

Sauer, August (Hrsg.): Ewald von Kleist's Werke. Zweiter Theil. Briefe von Kleist, Berlin o. J. (1880), Nr. 319.

Schmidt, Otto Eduard: Fürst Otto Carl Friedrich von Schönburg und die Seinen. Familienleben und Kunstpflege eines fürstlichen Hauses im Zeitalter der Empfindsamkeit und der Romantik. Leipzig o. J. (1931).

Schumacher, Doris: Kunst im Licht der Aufklärung – Johann Wilhelm Ludwig Gleims Beitrag zur Kunstgeschichte. Halberstadt, Gleimhaus, in: Kunst und Aufklärung im 18. Jahrhundert. Kunstausbildung der Akademien, Kunstvermittlung der Fürsten, Kunstsammlung der Universität. Gesamtkatalog der Ausstellungen in Halle, Stendal und Wörlitz. Ruhpolding 2005.

Graf zu Solms-Laubach: Geschichte des Grafen- und Fürstenhauses Solms, Frankfurt a. Main 1865.

Uhde, Hermann (Hrsg.): Erinnerungen der Malerin Louise Seidler. Berlin 1922

Vogel, Christian Leberecht: Ideen über die Schönheitslehre in Hinsicht auf sichtbare Gegenstände überhaupt und auf bildende Kunst insbesondere. Dresden 1812.

Vogel, Gerd-Helge: Kunst und Kultur um 1800 im Zwickauer Muldenland. Zwickau 1996.

Vogel, Gerd-Helge: Schloss Wolkenburg. Manifest gewordenes Sinnbild für Wolkenburgs „Goldenes Zeitalter“: Zwei Rückblicke und ein Ausblick zur kulturpolitischen Bedeutung von Schloss- und Park-Ensemble Wolkenburg, in: Stadtverwaltung Limbach-Oberfrohna (Hrsg.): Ein Vierteljahrhundert zum Besten der Stadt. 25 Jahre kommunale Selbstverwaltung Limbach-Oberfrohna 1990-2015. Limbach-Oberfrohna 2015.

Vogel, Gerd-Helge: Von Paris über Dresden ins Baltikum. Ein Beispiel für die

Verbreitung akademischer Lehrprinzipien in Europa, in: Kunst und Aufklärung im 18. Jahrhundert. Kunstbildung der Akademien, Kunstvermittlung der Fürsten, Kunstsammlung der Universität. Katalog zur Ausstellung in Halle/S., Stendal und Wörlitz. Ruhpolding 2005.

Vogel, Gerd-Helge: Friedrich Traugott Georgi (1783-1838) – ein Künstler der Biedermeierzeit aus Schwarzenberg. Zum 175. Todestag des Künstlers am 3. März 1838. Teil I, Biographisches, in: Sächsische Heimatblätter, 59/2013/3, S. 164-176.

Vogel, Gerd-Helge: Christian Leberecht Vogel. Ein Meister der Empfindsamkeit. Zum 250. Geburtstag. Zwickau, Dresden 2009, S. 118, Nr. 110.

Vogel, Gerd-Helge: Christian Leberecht Vogel (1759-1816): Der »Raffael des Kinderbildes« aus Sachsen? Zum 250. Geburtstag des Künstlers auf Schloss Wildenfels am 4. April 2009, in: Sächsische Heimatblätter, 55/2009/2, S. 90-107.

Vogel, Gerd-Helge: Schloss und Park Wolkenburg in der deutschen Kultur- und Kunstgeschichte, in: Sächsische Heimatblätter, 62/2016/3, S.282-292

Vogel, Gerd-Helge: Aufklärung in Barth, Kiel 2014.

Werner, Jürgen (Hrsg. u. a.): Herodot. Das Geschichtswerk, Erster Band, Berlin, Weimar 1967.

Wissowa, Georg (Hrsg.); Paulys Realencyclopädie der classischen Altertumswissenschaft. Neue Bearbeitung, Elfter Halbband. Ephoros bis Eutychos, Stuttgart 1907.

Abbildungsverzeichnis

Coverbild: Christian Leberecht Vogel: Selbstbildnis, um 1812, Wasserfarben über Graphit, 310 x 240 mm, Privatbesitz München.

Abb. 01: Christian Leberecht Vogel (1759-1816): Schlafende Nymphe von einem Faun überrascht, um 1776, schwarze und farbige Kreide, 417 x 528 mm, bez. u. r.: „Vogl, / 08“, Museum der bildenden Künste Leipzig, Graphische Sammlung.

Abb. 1: Christian Leberecht Vogel: Arkadische Landschaft mit Denkstein, 1785, Graphit, leicht aquarelliert, 321 x 247 mm, Städtische Kunstsammlungen Zwickau.

Abb. 2: Denkmal des Erstgeborenen im Grünefelder Park zu Waldenburg, Foto: Vogel, 2016.

Abb. 3: Francesco Barbieri, gen. Guercino: Et in Arcadia ego, ca. 1621/23. Öl/ Lw., 82 x 91 cm, Rom, Galleria Nazionale di Palazzo Corsini, Wikimedia.

Abb. 4: Nicolas Poussin: Et in Arcadia Ego, um 1630, Öl/Lw., 101 x 82 cm, Chatsworth (Derbyshire), Trustees of the Chatsworth Settlement, Wikimedia.

Abb. 5: Nicolas Poussin: Et in Arcadia ego. Ca. 1640/45, Öl/Lw., 85 x 121 cm, Paris, Musée du Louvre, Wikimedia.

Abb. 6: Adam Friedrich Oeser: Et in Arcadia ego. Die Arkadischen Schäfer, vor 1760 bzw. 1767-1777, Öl/Lw., 38,5 x 46 cm, Beschriftet: Και εΥωερ Αχαδια, Niedersächsisches Landesmuseum, Hannover.

Abb. 7: Adam Friedrich Oeser: Memorialbild auf Ewald von Kleist, 1761, Öl/Lw., 34 x 43,5 cm, Gleimhaus Halberstadt, Wikimedia.

Abb. 8: Adam Friedrich Oeser: Memorialbild – arkadische Landschaft mit Monument „Von Kleist ward ich geliebt“, 1761, Öl/Lw., 34 x 43,5 cm, Gleimhaus Halberstadt, Inv.-Nr. AN 147-31/161, Wikimedia.

Abb. 9: Christian Gottlieb Geyser nach Daniel Chodowieckis Zeichnung von Adam Friedrich Oesers Entwurf: Gellerts-Monument, Kupferstich, 163 x 105 mm, Stadtgeschichtliches Museum Leipzig.

Abb. 10: Christian Leberecht Vogel: Sidonie Albertine Gräfin von Einsiedel im Park von Wolkenburg an Gellerts Büste vorbeischreitend, um 1785, Öl/Lw., 235 x 135 cm, Privatbesitz Dorotheenhof, Essingen bei Aalen.

Abb. 11: Clemens Kohl (1754-1807): Brustbild des deutschen Dichters und preußischen Offiziers Ewald Christian von Kleist (1715-1759) im Oval mit Schlachtszene, 1789, Kupferstich auf Papier, 116 x 73 (beschnitten) mm (Platte), 147 x 83 mm (Blatt), Beschriftet über dem Oval: EWALD CHRISTIAN VON KLEIST.; bez. u. l.: Cl. Kohl del et sc. Vienna 1789, Foto: Autor.

Abb. 12: Anton Graff (1736-1813): Brustbild des Philosophieprofessors Christian August Clodius (Klöde), 1769, Öl/Lw., 62 x 51 cm, Museum der bildenden Künste Leipzig, Wikimedia.

Abb. 13: Franz Landgraf: Wildenfels i. Erzg., Schlosspark, 1930, Ansichtskarte, Kunstanstalt Franz Landgraf, Zwickau i. Sa. 6786; Verlag Adolf Zimmermann, Wildenfels, Postkarte Privatbesitz.

Abb. 14: Johann Caspar Füssli (1706-1782): Allegorie mit den Bildnissen von Klopstock und Ewald von Kleist, um 1753, Öl/Lw., 55,5 x 42,5 cm, Kunsthaus Zürich, Wikimedia.

Abb. 15: Eberhard Siegfried Henne (1759-1828) nach Johann Heinrich Füßli (1741-1825); J. Casp. Lavater, Felix Hess und Heinrich Füessli bey Spalding in Barth in Schwedisch-Pommern im Jahr 1763, 1810, Kupferstich auf Papier, 349 x 507 (Platte), Ev. Kirchengemeinde St. Marien Barth.

Abb. 16: Anton Graff: Hüftstück Salomon Gessners (1730-1788) im Alter von 35 Jahren, 1765/66, Öl/Lw., 64 x 53 cm, Unbez., Kunstmuseum Winterthur.

Abb. 17: Salomon Gessner (1730-1788): Die Wasserfahrt, 1775, Feder in Schwarz und Aquarell auf Papier, 267 x 410 mm, Tuschrand, Bez. u. r.: S. Gessner. 1775, Kunsthaus Zürich (Depositum der Stadt Zürich), Gegenstück zu Abb. 18.

Abb. 18: Salomon Gessner (1730-1788): Das ländliche Fest, 1755, Feder in Schwarz und Aquarell auf Papier, 310 x 452 mm, Tuschrand, Bez. u. r.: S. Gessner. 1775, Kunsthaus Zürich (Depositum der Stadt Zürich), Z.. Inv. A. B. 700 (Gegenstück zu Abb. 17), Wikimedia.

Abb. 19: Christian Leberecht Vogel (1759-1816): Porträt des Friedrich Magnus I. Graf zu Solms-Wildenfels. Öl/Lw., 55 x 70,5 cm, Städtische Kunstsammlungen Chemnitz.

Abb. 20: Adam Friedrich Oeser (1717-1799): Bildnis Friedrich Ludwig Reichsgraf zu Solms-Sachsenfeld und Tecklenburg, 1741, Öl/Lw., 84 x 67 cm, Privatbesitz Assenheim.

Abb. 21: Nicolas Poussins (1594-1665): Ruhende Venus mit Amor, Öl/Lw, 71 x 96 cm, Staatliche Kunstsammlungen Dresden, Gemäldegalerie Alte Meister, Wikimedia.

Abb. 22: Giorgione, Giorgio di Castelfranco, gen. Giorgione (1477/8-1510) und Tiziano Vecellio, Tizian (um 1488/90-1576): Schlummernde Venus, um 1508/10. Öl/Lw., 08,5 x 175 cm, Staatliche Kunstsammlungen Dresden, Gemäldegalerie Alte Meister, Wikimedia.

Abb. 23: Giacomo di Antonio Nigretti, gen. Palma il Veccio (um 1480-1528): Ruhende Venus, um 1518/20, Öl/Lw., 112 x 186 cm, Staatliche Kunstsammlungen Dresden, Gemäldegalerie Alte Meister, Wikimedia.

Abb. 24: Guido Reni 1575-1642) (Schule): Venus und Amor, Öl/Lw., 136 x 174 cm, Staatliche Kunstsammlungen Dresden, Gemäldegalerie Alte Meister, Wikimedia.

Abb. 25: Christian Leberecht Vogel (1759-1816): Zwei Mädchen mit Syrinx, um 1781, Pinsel in Braun, über Graphitvorzeichnung, 318 x 236 mm (oval), bez. u. r.: Chr. Vogel fec." Klassik Stiftung Weimar, Graphische Sammlungen Weimar.

Abb. 26: Christian Leberecht Vogel (1759-1816): Zwei Nymphen vor einem Postament, sich dem Betrachter zuwendend, um 1781, Rötel, Feder in Braun, Pinsel in Grau, Aquarell, über Bleistift, stellenweise mit Pinsel in Weiß gehöht (Deckweißstellen oxydiert, unten angesetzt, 237 x 190 mm, bez. u. M.: „Vogel: inv.", Graphische Sammlung Albertina, Wien.

Abb. 27: Christian Leberecht Vogel (1759-1816): Von den Verhältnissen der geschwungenen Linien, Tab XXI, aus: Ideen über die Schönheitslehre in Hinsicht auf sichtbare Gegenstände überhaupt und auf bildende Kunst insbesondere. Dresden 1812, bes. Fig. 223.

Abb. 28: Christian Leberecht Vogel (1759-1816): Die drei Grazien, um 1780/85, Deckenmalerei Öl/Harz, ca. 20 m^2, Bibliotheksrotunde in Schloss Wildenfels, Foto: Autor.

Abb. 29: Christian Leberecht Vogel (1759-1816): Die drei Grazien und Amor mit einer Blumengirlande und einem Früchtefüllhorn auf Wolken, um 1780/85, (1790er Jahre?), Rötel, Spuren von schwarzer Kreide, Aquarell über Bleistift, 511 x 368 mm, Graphische Sammlung Albertina, Wien.

Abb. 30: Christian Leberecht Vogel (1759-1816): Kampf der Aurora gegen die Nacht oder Phöbus Apoll führt den mit vier Rossen bespannten Sonnenwagen am Himmel entlang, um 1780/85, Deckenmalerei, Öl/Harz, 45 m^2., ehemaliger Bibliotheks- und Logensaal auf Schloss Wildenfels, Foto: Autor.

Abb. 31: Christian Leberecht Vogel (1759-1816): Die drei Grazien und schlafender Amor, 1780-1790, Sepia, ehemals Schloss Waldenburg, Kriegsverlust, O. E. Schmidt 1930, S. 317.

Abb. 32: Christian Leberecht Vogel (1759-1816): Amor, von Euphrosyne entwaffnet, 1790er Jahre, Pinsel in Braun, Aquarell über Spuren von schwarzer Kreide und Rötel, mit Pinsel in Weiß gehöht, 573 x 438 mm, Graphische Sammlung Albertina, Wien.

Abb. 33: Christian Leberecht Vogel (1759-1816): Amor, von Euphrosyne entwaffnet, 1790er Jahre, Aquarell, Maße unbekannt, Privatbesitz Cottbus (Foto: H. Vogel von Vogelstein, Nürnberg).

Abb. 34: Christian Leberecht Vogel (1759-1816): Narziss, 1803, Öl/Lw., 134 x 112 cm, Privatbesitz.

Abb. 35: Christian Leberecht Vogel: Erste Supraporte im Mondscheinzimmer (Verkauf von Liebesgöttern) um 1781/82, Öl/Lw. seitenverkehrt nach einer Vorlage eines Wandbildes in Herculaneum aus dem 1. Jh., Verlust, Foto: Julius Kaufmann, 1937.

Abb. 36: Vermutlich Friedrich Wilhelm von Erdmannsdorff (1736-1800): Die Amorettenhändlerin aus Gragnano, Freie Kopie nach „Antichitá die ercolano esposte, Bd. 3, Neapel 1762, Tafel 7, S. 41), Kleine Wandmalerei im Schlafzimmer der Fürstin Louise im Wörlitzer Schloss.

Abb. 37: Die Amorettenhändlerin aus Gragnano, Gipsrelief im Kaminzimmer der Villa Hamilton im Wörlitzer Park.

Abb. 38: Wandmalerei aus Herculaneum mit der Amorettenhändlerin aus Gragnano (Der Verkauf von Liebesgöttern), 1. Jahrhundert, Archäologisches Museum Neapel (?), Wikimedia.

Abb. 39: Jean-Claude Richard de Saint-Non: Voyage pittoresque ou description des Royaumes de Naples et de Sicile, Paris, 1782, Taf. 30, Foto: Autor.

Abb 40: Joseph-Marie Vien (1716-1809): Händlerin am Putztisch (Die Verkäuferin von Amoretten, 1763, Öl/Lw., 95 x 119 cm, Musée National du Chateau Fontainebleau, Wikimedia.

Abb. 41: Christian Leberecht Vogel (1759-1816): Der siegreiche, fackeltragende Amor, der im Greifengespann des Apollo seine Geliebte Psyche triumphierend Heim führt, um 1781/82, Herculanische Wandmalerei im Mondscheinzimmer des Wildenfelser Schlosses, Foto: Julius Kaufmann 1937.

Abb. 42: Christian Leberecht Vogel: Mit Blumenkränzen spielende Putti auf einer Wolkenbank. Supraporte im Blauen Salon von Schloss Wildenfels, Foto: Julius Kaufmann 1937.

Abb. 43: Christian Leberecht Vogel: Mit Füllhorn spielende Putten auf einer Wolkenbank. Supraporte im Blauen Salon von Schloss Wildenfels, Foto: Julius Kaufmann 1937.

Abb. 44: Christian Leberecht Vogel: Einander liebkosende und mit einem Vögelchen spielende Kinder (Sinnbild der Liebe?), Supraporte im Königsschlafzimmer von Schloss Wildenfels (Foto: Julius Kaufmann 1937).

Abb. 45: Christian Leberecht Vogel: Putten mit Schmetterling, Supraporte im Mondscheinzimmer von Schloss Wildenfels, Foto: Julius Kaufmann 1937.

Abb. 46: Christian Leberecht Vogel: Amor mit Netz, Supraporte im Roten Salon, Foto: Julius Kaufmann 1937.

Abb. 47: Christian Leberecht Vogel: Amor mit Thyrsosstab, Supraporte im Roten Salon, Foto: Julius Kaufmann 1937.
Abb. 48: Christian Leberecht Vogel: Tanzende Amoretten (?), Supraporte im Rödelheimer Zimmer, Foto: Julius Kaufmann 1937.
Abb. 49: Christian Leberecht Vogel: Mit Blumenkränzen spielende Amoretten, Supraporte im Rödelheimer Zimmer, Foto: Julius Kaufmann 1937.
Abb. 50: Christian Leberecht Vogel: Spielende Amoretten, Supraporte im Rödelheimer Zimmer, Foto: Julius Kaufmann 1937.